AF226691

# RESPECT

# AU SÉPULCRE !

## POINT DE DÉPLACEMENT !

OU

# LIGIER RICHIER

### VENGÉ

**DANS SON CHEF-D'OEUVRE,**

Par Justin BONNAIRE,

*Avocat à la Cour impériale de Nancy, Membre-associé de l'Académie de Stanislas ;*

Auteur de diverses publications en prose et en vers.

(Extrait de l'*Espérance* des 20, 22 avril et 4 mai.)

**NANCY,**

VAGNER, IMP.-LIB., ÉDIT.,
Rue du Manége, 5.

CHEZ LES PRINCIPAUX LIBRAIRES ;
ET
**CHEZ L'AUTEUR,**
Grande-Rue Ville-Vieille, 45.

**PARIS,**

J. LECOFFRE, LIBRAIRE,
Rue du Vieux-Colombier, 29.

TECHENER, LIBRAIRE,
Rue de l'Arbre-Sec.

**BAR-LE-DUC,**
CONTANT-LAGUERRE, LIB.-ÉD.

**SAINT-MIHIEL,**

MAIN, LIBRAIRE,
Rue Ligier-Richier.

M^{me} TESSELIN-LAGUERRE,
Rue Basse-des-Fosses.

1863.

# A ma Mère, qui n'est plus !

*C'est vous, digne Mère, qui, me conduisant par la main tout petit enfant, un jour de Jeudi-Saint, me fîtes agenouiller, pour la première fois, devant ce pathétique drame de pierre, honneur de notre cité natale, que nous appelons le SÉPULCRE, et dont l'aspect inattendu me causa une émotion à jamais ineffaçable dans mon souvenir. C'est vous qui m'apprîtes en même temps à bégayer le nom de son impérissable auteur, notre compatriote ; à bénir, à glorifier son génie et sa foi.*

*On attaque imprudemment, injustement, et l'ŒUVRE et l'ARTISTE : je les défends tous les deux ; et j'accomplis un devoir de haute gratitude et de piété filiale en déposant, avec un douloureux respect, cette double apologie sur votre tombe, hélas, à peine fermée !*

**Le dernier survivant de vos cinq Fils,**
JUSTIN.

NANCY. — IMPRIMERIE DE VAGNER, RUE DU MANÉGE, 5.

# RESPECT
# AU SÉPULCRE !

## POINT DE DÉPLACEMENT !

OU

## LIGIER RICHIER

VENGÉ DANS SON CHEF-D'ŒUVRE.

*Caveant consules......*
« Grâce pour les enfants d'un père qui n'est plus ! »

Il y a soixante-neuf ans que la ville de Saint-Mihiel gémissait indignée au bruit d'une motion de Vandales proposant, en plein club, la destruction immédiate, rien que cela, du chef-d'œuvre d'un de ses plus illustres enfants, coupable, à leurs yeux, d'entretenir, avec *ses Vierges et ses Jésus*, le *fanatisme* du peuple. Des hommes de cœur protestèrent énergiquement, au nom du *Patriotisme*, le seul Dieu qu'il fût alors permis d'invoquer : on informa la Capitale, des ordres vinrent à l'appui des mesures déjà prises, et l'immortel monument échappa, sain et sauf, au marteau des *casseurs de Saints*.

Une inquiétude presque égale, et moins sûre, paraît-il, d'être aussi promptement calmée, agite en ce moment les meilleurs esprits : il s'agit, hélas ! d'un déplacement projeté, si non *praticable*, dans un but prétendu d'amélioration, des émouvants groupes dont le concours simultané exprime si admirablement le dernier épisode de la sanglante tragédie du Calvaire.

Si c'est pour tous un impérieux devoir de soulager, dans la mesure du possible, les misères humaines, c'en est un, pour plusieurs, aussi noble quoique moins strictement obligatoire, de venir généreusement en aide aux belles choses en souffrance ; et, dût-il, ce devoir, ne point se traduire en une bonne action, il lui restera toujours l'honneur d'avoir été l'inspiration d'une bonne pensée.

Hommage donc, hommage complet aux intentions droites et sincères! Mais, — puisqu'en toute chose il faut voir la fin, et qu'il importe avant tout que le remède ne soit pas, comme on dit, pire que le mal, — les intentions les plus louables en elles-mêmes ne sauraient, dans des questions de cette nature et de cette taille, être accueillies et secondées qu'autant qu'elles apparaissent éclairées à la fois par le *bon goût*, le *bon sens* et la *sagesse* : le *bon goût*, base essentielle de l'art ; le *bon sens*, règle infaillible du goût et âme de-la sagesse ; la *sagesse*, enfin, splendeur du bon sens, comme le *beau* est la splendeur du *vrai*.

Or, en est-il ainsi au cas particulier ? et, bien qu'inspirés par un zèle excellent en soi, les projets annoncés réunissent-ils ces trois éléments constitutifs qui ajoutent à sa valeur intrinsèque l'indispensable sanction de la raison, et sans lesquels le zèle, tout zèle qu'il est, n'est plus qu'un danger ? Un examen sérieux, une discussion loyale et approfondie, vont mettre, je l'espère du moins, le lecteur impartial en mesure de se prononcer, à cet égard, équitablement et sans passion.

La question, depuis tantôt trois mois si chaudement débattue, présente un quadruple aspect : 1° convenance matérielle du lieu ; 2° disposition relative des personnages, envisagés isolément ou par groupes ; 3° opportunité d'un déplacement du sujet intégral et d'une autre mise en scène des acteurs qui le composent ; 4° urgence de réparations partielles.

En d'autres termes, le monument de Ligier Richier est-il à sa véritable place là où nous le voyons ? Les muets comparses de ce drame lugubre y sont-ils agencés comme ils doivent l'être d'après les règles de l'art et les intentions présumées de l'auteur ? Ne conviendrait-il pas d'en modifier l'aspect général et la distribution particulière ? De nouvelles restaurations de détail sont-elles inévitables, et dans quelle mesure ?

La conviction que, poser ce multiple problème c'est le résoudre, *dans son sens*, bien entendu, exalte l'ardent promoteur du litige au point de malmener un peu rudement d'avance, en suspectant leur esprit d'observation, leurs capacités, et jusqu'à leur bonne foi, les gens assez osés pour n'être point de son avis. N'importe! au risque de me voir, à ma courte honte, après trente ans d'études sur Richier et ses œuvres, classé parmi « les *prétendus amateurs* qui, se contentant » d'apercevoir le *bout du nez* des soldats accroupis, méritent » de n'en jamais voir davantage ; » et dussé-je, en combattant de front, d'estoc et de taille, son opinion plus que hasardée, encourir, avec le sien propre, le blâme de « TOUS LES HOM- » MES CAPABLES qui s'y sont rangés avec une *entière satis-* » *faction*, » je n'hésite point, pour l'acquit de ma conscience et dans le seul intérêt de la vérité méconnue, à maintenir tout d'abord la rigoureuse exactitude de ces deux affirmations, dont la seconde est le corollaire logique de la première, et qui impliquent ensemble la solution définitive des questions secondaires qui en découlent : 1º Le *Sépulcre* fut, dès l'origine, destiné, par son immortel auteur, à l'emplacement qu'il occupe encore aujourd'hui ; 2º les treize personnages dont se compose cette œuvre magistrale, gardent strictement entre eux, soit comme groupes, soit comme individus, les distances voulues, combinées par l'Artiste lui-même, et sanctionnées par les plus sévères exigences de l'esthétique.

I.

Que la chapelle du *Sépulcre* appartienne, comme on l'allègue sans preuve, au XIVᵉ ou au XVᵉ siècle, et qu'elle fût ou ne fût pas ornée jadis de colonnettes, depuis lors disparues, qu'est-ce que cela fait ? Etait-ce là pour Ligier un motif de n'y point encadrer sa composition ? Mais elle est bien positivement du commencement du XVI<sup>e</sup>. J'en appelle, sur ce point, non seulement aux architectes de profession, mais à tous ceux qui ont reçu quelques saines notions d'archéologie chrétienne. Du reste, sans même parler du type caractéristique des gargouilles, la large baie *raccourcie* qui la surmonte et l'*affleurement* extérieur de son mur de fond sur les deux arcs-boutants qui *l'enserrent*, et dont elle a juste la profondeur, révèlent, à n'en pas douter un seul instant, une *substruction* d'après-coup, évidemment postérieure à la réédification de l'église entière moins son antique beffroi, commencée en l'an 1500, selon le touriste-chroniqueur Philippe de Vigneulles, et continuée de pair avec l'imposante basilique de Saint-Nicolas-de-Port. Bien qu'insignifiantes en apparence, les figures, assez médiocres, du *soleil* et de la *lune*, qu'on aperçoit en relief, entre autres emblèmes accessoires, aux intersections de la voussure, comme à Saint-Martin de Pont-à-Mousson, et ailleurs encore, donneraient peut-être à penser qu'avant le retour de Ligier de Rome, déjà elle abritait, selon l'usage immémorial, une *Sépulture du Christ*, provenant du vieux temple démoli, ébréchée sans doute ou mutilée dans la double translation nécessitée par les œuvres nouvelles, et remplacée avec bonheur, trente ou quarante ans plus tard, à la grande satisfaction des habitants de Saint-Mihiel, par l'inimitable chef-d'œuvre de leur généreux concitoyen.

Eh bien ! le croirait-on ? quoique éclairé, par le fond, de trois fenêtres gothiques circulaires, autrefois ornées de vitraux coloriés à travers lesquels la lumière, en se décomposant, tamisait une sorte de *clair-obscur* d'un très-heureux effet, ce mystérieux *Sacellum* n'offre, en dépit de la gravité de la scène, aux regards prévenus ou troublés de l'honorable M. Dumont, qu'un *abominable trou*, un *bouge*, une *cave*, une *caverne*, un *détestable emplacement*. J'attendais l'*antre de Trophonius*. A ce compte, toutes les cryptes anciennes du même genre, où, fidèle interprète des traditions, du texte évangélique et du symbolisme religieux, la Foi de nos pères se plaisait à représenter, dans un demi-jour calculé, les phases lamentables de la Passion du Sauveur, n'étaient ou ne sont encore, en réalité, que de hideux repaires ou d'affreux réceptacles. A la bonne heure ! Quant à moi, — soit dit sans offenser le spirituel inventeur de ce gracieux vocabulaire, — je ne vois ici de *détestable emplacement*, de *caverne*, de *cave*, de *bouge* et *d'abominable trou*, que dans son imagination par trop fantaisiste.

A part donc sa *très-regrettable humidité partielle*, qui n'est point contestée, à laquelle d'ailleurs il est facile, urgent même, j'en conviens, d'apporter un remède efficace, — cette austère chapelle du *Sépulcre*, parfaitement en harmonie avec sa destination originaire, et, semblable à la plupart de ses sœurs d'autrefois, n'a, comme elles, rien qui révolte l'œil et doive provoquer la vertueuse indignation de personne ; voire même d'un historien tant soit peu archéologue, ou d'un archéologue tant soit peu historien.

Mais, en tout cas, se récrie-t-on, est-il « évident *qu'outre* » *que* les personnages sont en trop grand nombre pour un si » petit espace, ils n'occupent pas respectivement la position » de leur rôle. » Franchement, je ne sache rien de moins évident que cette évidence-là. L'espace est petit, à la vérité ; mais la grotte du Golgotha, dont les fondateurs du *Sépulcre* ont voulu simuler ici les proportions, était-elle donc si vaste ? En dehors de la valeur réelle de son œuvre, un des plus grands mérites de notre *Imagier* n'est-il pas précisément d'avoir su, avec autant d'intelligence que de succès, rassembler, en d'aussi étroites limites, et sans la moindre confusion, quoiqu'on prétende, les nombreux personnages de taille héroïque qui achèvent ici la divine et douloureuse épopée ? Vous faites-là à Richier, avec une étrange légèreté, un reproche de ce que, à bon droit, il s'imputerait à honneur : voilà, pour moi, le seul point *évident*. Vous nous citez, à ce propos, le *Calvaire-Sépulcre de St.-Roch à Paris*, « qui *repose*, dites-vous,

» dans une grotte taillée en plein rocher et qui, pour l'arran-
» gement futur, peut servir de modèle. » D'abord, —permet-
tez-moi de vous le dire sans vous donner un démenti,—il n'y a
pas à St.-Roch de *Sépulcre qui repose* dans une grotte taillée
en plein rocher ; j'ai fréquenté St.-Roch, ma paroisse, pendant
trois ans consécutifs ; j'y ai remarqué, dans la chapelle à laquelle vous faites allusion, une imitation de rocher *vers* l'an-
fractuosité duquel *se dirigent,* avec leur fardeau sacré, les
deux *Porte-Christ ;* voilà tout ! mais point d'analogie sé-
rieuse avec le travail de Ligier Richier. Ensuite, quelle pa-
rité, quelle assimilation à établir jamais entre deux compositions, non moins diverses par l'époque et l'invention, que par
leur cachet respectif, et qui n'ont entre elles d'autre rapport
que le fond même du sujet, susceptible, après tout, selon le
caprice ou le génie des auteurs, de vingt expressions différentes ? Louis XIV et Anne d'Autriche sa mère, posaient, en
1655 seulement, les fondations de l'église actuelle de St.-Roch,
laquelle, continuée plus tard à l'aide d'une loterie, n'a été
finie, d'après le témoignage contemporain du docte abbé Le-
bœuf, qu'en 1740. Or, inspirées qu'elles furent par un
tout autre ordre d'idées et de sentiments, les conceptions
sculpturales des 15e et 16e siècles sauraient-elles être
arbitrairement confondues avec celles du 17e ou du 18e ?
Et de quel droit, s'il vous plaît, oserez-vous envoyer Richier demander des leçons aux frères Anguier, ses puînés,
ou à Monsieur Falconet, le tardif continuateur de leurs travaux ? Mais, — loyaux admirateurs d'un illustre devancier
qu'ils proclameraient hautement leur maître,—ils seraient, s'ils
vivaient encore, ces habiles Sculpteurs, les premiers à se rire
d'une aussi énorme prétention. Est-ce que, par hasard, fatalement écloses sous une *incubation unique,* les productions
de l'art doivent être à toujours identiques, calquées sur le
même modèle, ou coulées dans le même moule ? Que devien-
nent alors, je vous prie, et l'individualité de la *pensée,* et la
spontanéité du *sentiment,* et l'initiative du *génie,* leur enfant sublime ? Vous parlez d'*éteignoir*... Certes, je n'en connais point de plus colossal et de plus *obscurant* que celui dont

vous coiffez si libéralement le digne élève de Léonard, de Michel-Ange et de Raphaël ! Et puis, pourquoi vouloir, d'autorité, infliger le système de St.-Roch à St.-Mihiel, quand St.-Mihiel, content de son lot et n'enviant rien au dehors, ne songe pas le moins du monde à imposer son type à St.-Roch ? A chacun son labeur, son œuvre et sa gloire ; à chaque gloire son éclat ; à chaque œuvre sa place : *cuique suum !* Voilà la justice du bon sens, et c'est la meilleure.

## II.

Quant au *rôle*, soit collectif, soit individuel, des divers personnages créés par le pieux et fécond ciseau du Statuaire lorrain, où, de grâce, le trouver mieux senti, mieux compris, mieux rendu ? — Ayons, à défaut d'oreilles pour entendre, des yeux pour voir, et la lumière se fera vite, et nous serons éblouis, ravis de sa féérique splendeur.

Avant tout et de prime abord, à genoux, qui que nous soyons, juges ou justiciables, riches ou pauvres, ignorants ou doctes, *capables* ou incapables !

A genoux tous devant cet angoisseux drame de la dernière heure, où, plus éloquente que le marbre à la mort de César, la pierre inerte palpite et gémit, pense et pleure, invoque, ricane et soupire devant le trépas d'un Dieu ! A genoux ! car, — s'obstinât-on dans une incroyance systématique, — de l'aveu de tous, et de M. Dumont lui-même, — cet incomparable morceau, dès longtemps privé de sa perspective naturelle par le fait du surexhaussement progressif du sol, veut être vu, examiné, contemplé, *de bas en haut ;* et si cette pose vous fatigue ou ne vous va point, eh bien, asseyez-vous à la façon des Arabes, et vous ne jouirez qu'avec plus d'avantage encore de son véritable aspect, autrement insaisissable et faux de tout point pour un œil tant soit peu exercé.

Précédé ou suivi du Surveillant et des Gardiens envoyés par

Ponce-Pilate, à la demande des Bourreaux du Christ, le funèbre cortège a pénétré, avec le divin cadavre détaché de la
Croix, dans la grotte nouvellement creusée : à la marche pénible et silencieuse a succédé là une halte générale ; halte
d'épuisement et de mutuelle affliction; halte du suprême adieu
sur le seuil de la tombe entr'ouverte et prête à se refermer.

Au premier plan, l'auguste Victime, dont le doux et calme
sommeil fait pressentir, à travers les voiles du trépas, la prochaine résurrection, repose, la tête inclinée, entre les bras de
deux Vieillards émus : un genou à terre, Joseph d'Arimathie,
*l'homme riche et craignant Dieu*, soutient, de l'autre, les
jambes étendues et croisées, en interrogeant du regard Nicodème recueilli, qui, debout, supporte, avec un effort tempéré
de précautions, tout le poids de ce suave et beau torse du
*plus beau des enfants des hommes.* Près de lui, une de ces
pieuses Galiléennes qui suivaient Jésus, *Véronique*, con-
temple, attendrie jusqu'aux larmes, le sanglant diadème d'é-
pines qui vient d'être confié à la garde de ses mains fidèles,
et qu'elle soulève délicatement, comme une couronne triom-
phale, sur le voile même où la veille s'imprima la Face trois
fois sainte, et dont le nom symbolique devint le sien propre.

A la gauche du spectateur, droite du groupe central, la
belle Madeleine, la pécheresse convertie, oubliant ceinture,
bracelets, perles et colliers, se prosterne, éplorée et sanglot-
tante, sous sa riche parure où se perdent les ondes soyeuses
de ses longs cheveux,—comme pour coller un dernier baiser à
ces pieds adorés qu'elle arrosait naguère de pleurs et de par-
fums , et qu'en cet amer instant elle ose à peine effleurer
de ses gracieuses mains, toutes tremblantes d'émotion et de
*saint respect.* Non loin d'elle, un peu en arrière, occupée
aux menus soins de l'ensevelissement, — Marie Salomé étend
pieusement le *suaire* sur la pierre sépulcrale, en tournant vers
les deux nobles *Christophores* un regard plein d'anxieuse
tristesse, et qui semble leur dire : « Tout est prêt ; hâtez le
» pas, Frères ! de peur que le corps de notre Maître ne se meur-
» trisse aux aspérités de la roche ; et ne prolongeons pas l'a-
» gonie de sa Mère, qui se pâme à nos côtés ! » — A l'oppo-

site, le Centurion romain, gravement assis sur son bouclier rond, le glaive au repos, dans une attitude méditative, paraît contenir avec peine, en sa poitrine oppressée, l'explosion nouvelle de son sublime cri d'hier sur les pentes du Golgotha : « Celui-ci était vraiment le Fils de Dieu ! »

Au milieu du second plan, — accablée, brisée, à l'aspect livide et navrant du corps inanimé de son Fils, la Mère inconsolable,—qui dut être introduite ici la première, — chancelle, fléchit et s'affaisse, à demi-morte, entre Marie, femme de Cléophas, sa sœur, et Jean, le disciple bien-aimé, désormais son enfant d'adoption ; lesquels, partageant l'un et l'autre ses angoisses, s'empressent autour d'elle et la soutiennent, en s'efforçant d'arrêter sa chute. Derrière Madeleine, à droite et un peu en avant de ce beau groupe, apparaît, enlaçant l'instrument du supplice et les fouets de la flagellation, un Ange, aux traits bouleversés, qui, tout frissonnant d'émoi, se penche à la fois, avec une indicible expression, et vers la pauvre Mère évanouie, et vers son cher *Immolé;* tandis qu'à l'extrémité opposée, par un contraste habilement dissimulé, — ombre sinistre au fond d'un touchant tableau, — deux ignobles soldats accroupis, continuant jusqu'en face du tombeau dont ils bravent la sainteté, l'insultante ironie du Calvaire, jouent cyniquement aux dés, sur un tambour, non plus la tunique sans couture, *déjà vendue !* mais l'argent, oui, l'argent qui en fut le honteux salaire, et que l'avide *gagnant,* — vrai type du joueur débauché, — *râfle* d'une main informe et crispée, qui s'y soude en quelque sorte, comme si la monnaie accumulée entrait en fusion sous sa compression fébrile.

Eh ! bien, je le demande aux plus chauds partisans de la *dislocation,* est-ce que, à première vue, cet ensemble,—si parfaitement coordonné dans ses détails, et que ma plume impuissante n'a fait qu'esquisser à peine, — n'est pas, sous le triple rapport intellectuel, moral et religieux, véritablement *saisissant ?* et, pour employer une expression vulgaire mais énergique, *saisissant,* à donner la *chair de poule ?* Est-ce qu'il ne défend pas victorieusement lui-même, par sa seule manifestation aux regards d'un spectateur sans préjugés, l'incon-

testable sagesse et la palpable harmonie des savantes combi-
naisons qui le firent tel ?

Et si, de cette harmonie merveilleuse et de cette irrépro-
chable concordance des parties avec le tout, résulte et ressort
l'*unité* ; l'*unité*, loi fondamentale des conceptions de l'intelligence, en poésie comme en art, quelle qu'en puisse être la
forme, — loi des épopées, loi des tragédies écrites ou parlées,
aussi bien que des muets poèmes ou drames de pierre, de
marbre et de métal ; si cette *unité* est due précisément à la
concentration de l'action dans un espace restreint ; n'ai-je
point, dès à présent, et sans attendre le complet développe-
ment de ma thèse, le droit de vous dire, avec une ombre au
moins d'autorité :

RESPECT AU SÉPULCRE ! N'Y TOUCHEZ PAS !

Oui ! et pour me servir en cette discussion d'une formule
quasi-mathématique, *l'unité* est la *résultante* de l'admirable
conception de Ligier Richier, et cette unité, sans laquelle toute
œuvre complexe meurt et disparaît faute de principe vital et
de cohésion, naît expressément de l'habile ordonnance, en
un périmètre forcément rétréci, de tous les agents coopéra-
teurs dont l'agglomération, sagement calculée, tend et réussit
à la produire.

Un digne chef de famille a succombé, victime de son dévouement aux siens : n'est-il pas juste et naturel qu'ils se pressent
et se serrent, en quelque sorte, palpitants d'émotion, autour
du cercueil vide où va s'engloutir sa dépouille refroidie, mais
dont l'image, *telle que l'a faite la mort*, semble encore leur
sourire, tant qu'elle n'a point disparu sous le couvercle fatal ?
Exigerez-vous un moindre empressement de la part de ses
parents, de ses amis et de ses disciples, auprès des restes
inanimés de Celui que son immense amour porta à se laisser
immoler, non pour eux seulement, mais pour l'humanité toute
entière, et qu'attend, béante, comme une proie glorieuse

qu'elle appréhende d'échapper, l'*avide bouche* du sépulcre ?

Quel est ici le centre rayonnant de *l'unité* ? N'est-ce point le Christ mort, le Christ qu'on s'apprête à ensevelir ? Vers lui donc, d'après les invariables règles de l'art et les exigences logiques de la situation, doivent converger, du dehors, tous les mouvements, tous les gestes, et, sinon tous les regards, ce que j'appellerai toutes les *intentions*. Or, le *rapprochement*, plus ou moins gradué, des acteurs du sujet principal, n'est-il pas la conséquence obligée de cette inéluctable loi ? et leur éloignement, par l'effet de la *désagrégation*, ne lui donnerait-il pas, au contraire, un éclatant démenti ? Énoncer le dilemme, c'est trancher la question.

Voyez : pas une *pose*, pas un *mouvement* qui ressemble à un autre mouvement, à une autre pose ; et, pourtant, *pose* et *mouvement* se relient si bien entr'eux qu'on les voit mutuellement concourir à une action commune. Pas une physionomie qui n'ait son expression caractéristique, pas une expression qui n'accuse la douleur ou la tristesse ; et pas une tristesse, pas une douleur qui ne soit, à des degrés divers, selon l'importance relative des sujets, un reflet de la douleur et de la tristesse générales. L'incommensurable peine de Marie n'est-elle point, par le fait même de l'évanouissement, poussée à son paroxisme ? et l'inquiète anxiété de ses deux *soutiens* ne vous serre-t-elle pas le cœur à vous-même ? l'ineffable émotion de l'Ange n'a-t-elle pas quelque chose de surhumain, qui tient de son initiation aux éternels décrets ? Est-il une affliction plus tendrement passionnée que celle de la trop aimante Courtisane, revenue avec tant d'énergie du crime au repentir, du vice à la vertu, et de l'homme à Dieu ? plus doucement mélancolique que celle de Salomé ? plus aiguë et plus pénétrante que celle de Véronique ? plus mâle enfin, plus ferme et plus virile que celle de Joseph, de Nicodème et du Centenier, en présence de ces femmes éplorées et gémissantes ?

Or, les *intentions* sont-elles ici douteuses ; et ne vont-elles pas droit au Christ qui les absorbe toutes et les concentre ? N'est-ce pas à lui que se rapporte, que s'adresse, pour ainsi dire, l'affaissement douloureux de la Vierge, simultanément provoqué par son aspect et son approche ? L'Ange, qui l'adore en compatissant à Marie, n'est-il pas là comme un lien moral entre le Fils et la Mère ? Qui lui parle plus énergiquement que Madeleine ? N'est-il point l'unique objet et la cause du signe silencieusement expressif de Salomé, si bien traduit à Nicodème par Joseph qui l'a compris ? Ces dévoués Disciples ne sont-ils pas, l'un et l'autre, exclusivement occupés de leur auguste Maître ? Heureux de sa propre conversion, l'austère délégué de Ponce-Pilate ne semble-t-il pas, du fond de son âme endolorie, demander grâce à Jésus pour la lâcheté de son Chef, en appelant à son secours le rayonnement, l'illumination de cette VÉRITÉ, dont il s'enquit vaguement, — *quid est veritas ?* — sans attendre la divine réponse ?

Il n'est pas jusqu'aux Joueurs cupides, dont l'acte indigne et le satanique ricanement n'ajoutent, — par le contraste de l'ignominie, — à la majesté solennelle de cette unanime désolation. C'est l'unité dans la variété, et la variété dans l'unité : rompez le faisceau, vous brisez les rapports ! Quoi de plus clair et de plus certain ?

## III.

Mais, non content d'attaquer l'*ensemble*, vous contestez à chaque personnage, isolément pris, l'exact accomplissement de son rôle, afin d'en autoriser le déplacement. Eh bien, ce *rôle* individuel, cette *fonction* à part, j'en maintiens la plénitude et la corrélation dans tous et dans chacun ; et je m'engage à pousser la preuve jusqu'à la démonstration.

Au second plan, dont je préfère m'occuper d'abord, et que vous trouvez trop avancé, les trois acteurs qui le réalisent répondent-ils, en tous points, à ce qu'il est permis d'attendre d'eux ? et, en cas d'affirmative, ne protestent-ils pas dès lors contre leur éloignement ?

Résignée à boire jusqu'à la lie son calice d'amertume, la noble
et touchante *Mater dolorosa*, — que l'Artiste chrétien, dans son
exquise sagesse et son tact parfait, se garda bien de travestir en
héroïne de mélodrame, échevelée et hurlante, — attendait là,
debout comme au pied de la Croix d'où l'on sort de le descendre, le Fils aimé, adoré, que bientôt elle ne devait plus
revoir. A son approche, dans l'effusion de la tendresse mater-
nelle aux abois, elle s'est précipitée au devant de lui pour l'é-
treindre, une fois encore, contre son cœur; mais la vue du blême
cadavre, aux plaies rougies et saignantes, a soudain glacé ses
sens et voilé ses yeux d'un nuage; moins fort que son âme,
son corps, trahi par l'infirmité de la nature, a fléchi sous l'ac-
cablement, et ses forces physiques l'ont abandonnée, au point
de glisser agonisante jusqu'à terre, n'était l'affectueux et prompt
secours que lui prodiguent, avec une si courageuse sollicitude,
la femme de Cléophas et Jean, le disciple chéri. Reculez ce groupe
seulement d'un pas en arrière, et il perd sa signification; et il
n'a plus de raison d'être, puisqu'évidemment c'est l'*approche*,
l'*aspect immédiat*, j'allais dire le *contact* du divin Crucifié,
qui a déterminé la crise et l'évanouissement; et vous en dé-
truisez, du même coup, par cette téméraire tentative, le sens,
la valeur et l'effet. Donc il est à sa *place* et dans son *rôle*.

Mais l'Ange, — « ce personnage qui se met en prière *au*
» *dos de ses voisins*, et qui tend les bras de manière à *barrer*
» le passage à la Vierge et à ceux qui l'accompagnent, » —
est-il bien dans son rôle et à sa place? « Sa pose demi-cour-
» bée, avec les bras en avant, semble faite exprès, ajoutez-vous
» élégamment, *pour passer au dessus de la Madeleine* et
» faire le pendant de sainte Véronique, etc. »
Je vous ferai d'abord observer que l'Ange, pour emprunter
votre inouï langage, ne prie *au dos* de personne; qu'il n'a
l'envie de passer *au dessus* de qui que ce soit, afin de se donner un *pendant* quelconque; et qu'il ne saurait être accusé de
*barrer le passage à la Vierge*, par la raison trop claire qu'il
n'est pas devant elle, que ses compagnons ne *marchent pas*
*plus que lui*, et que Marie, chancelante dans son immobilité,

*marche moins qu'eux encore*. Vouloir, sous de tels prétextes, l'isoler en le plaçant ailleurs, — qu'on s'appelle M. Dumont ou M. Dauban, qu'on soit un habile faiseur de livres ou qu'on en soit le très érudit et très-soigneux conservateur,—c'est, j'en demande mille pardons à ces deux illustres, c'est prouver qu'on ne l'a jamais étudié ou qu'on ne le comprend pas.

Nous ne vous le sacrifierons point, cet Ange, pas plus qu'aucun de ses silencieux acolytes ; car, avec eux et comme eux, il occupe le poste que lui assigna Richier, et ne pourrait, sans devenir un hors - d'œuvre et un obstacle, en occuper un autre. Quelle fonction remplit-il ici, ce suave Messager céleste? celle d'impassible témoin de la navrante scène, ou celle de consolateur pathétique? — Dans le premier cas, il n'a que faire nulle part dans cette grotte, et sa présence y est d'autant plus inutile que, ni le texte de l'Evangile, ni la tradition orale ne nous parlent de son assistance à la sépulture du *Rédempteur ;* ce ne serait qu'un embarras, une superfétation, rien de plus. Dans le second cas, il est à sa *seule et véritable place,* et ne saurait, sans le plus inconcevable renversement d'idées, figurer convenablement ailleurs. Cette thèse est si facile à soutenir, qu'un enfant, à l'esprit droit, au cœur ingénu, qui aurait lu, épelé ou entendu deux fois l'émouvante histoire de la Passion, me suppléerait à l'aise et sans le moindre effort d'intelligence.

Par une de ces fictions sublimes qui n'éclosent que dans une âme croyante, sensible, fortement trempée, et qui n'hésite pas à dire tout haut, beaucoup plus en actes qu'en paroles : *ma* Foi, *c'est mon* Génie ! Ligier s'est ressouvenu du tendre Consolateur de Jésus au jardin des Olives, et, d'un cœur plein de tristesse et d'espoir, il lui a adressé cette invocation : « O vous qui soulageâtes avec tant d'amour le Fils en agonie, ne vîntes-vous pas en aide à la pauvre Mère, défaillante et quasi morte entre le saint cadavre et la tombe ouverte ? » Et, cédant à son appel, le doux Paraclet de Gethzémani lui apparut dans une vision lumineuse ; et cette vision, l'inspiré ciseau du Croyant l'a traduite éloquemment dans la saisissante réalité que voici, et qui captive nos regards attendris. Ses ailes soyeuses et non reployées encore; l'air agité qui enfle les plis de sa robe ; ses pieds nus et dégagés, dont l'un touche à peine le sol ; la pénible contraction de son visage attristé ; ses yeux arqués et larges-ouverts ; ses lèvres frémissantes, d'où s'échappent des soupirs entrecoupés ; enfin, l'ardente spontanéité de son mouvement vers le Fils immolé et vers la Mère évanouie ; tout cela n'indique-t-il pas manifestement qu'à l'ordre d'en haut, l'Ange-crucigère est tout à coup descendu des cieux, au moment même où le cortège en larmes venait de pénétrer dans la froide obscurité de la roche. Malgré son attitude inclinée, et la projection de ses bras, il ne prie point, cet Envoyé mystérieux, à proprement parler; il adore et compatit : à Jésus ses mains jointes, en signe de souverain hommage et de vénération ; à Marie son regard si sympathiquement expressif, son salut respectueux et ses douces paroles. Mais c'est, pardessus tout, l'*Ange de la compassion;* et , comme la compassion, pour n'être point stérile, implique l'idée de soulagement, il *console.* Au jour de l'Annonciation, Gabriel avait salué *bénie* entre toutes les femmes la future Mère du Sauveur; à cette heure d'inénarrable deuil , s'associant à l'affliction des Disciples comme à leurs espérances, à la prostration de Marie comme à sa résignation sublime, et au dévouement sans bornes de son Fils pour les hommes qu'il légua à sa tendresse dans la personne de Jean, *Ecce Mater.... ecce filius....* Gabriel, dans une *Salutation* nouvelle, vient, par un vivifiant cantique à la Vierge-Mère, ranimer ses sens éteints et rappeler la joie dans son âme, une dernière fois transpercée du glaive prophétique : « O généreuse fille de David, vous qui partageâtes l'amer calice du Roi-Rédempteur, vous qui unîtes avec une si héroïque simplicité votre sacrifice à son holocauste, — Dieu est satisfait ! — partagez sa gloire, en même temps que son immortalité, et soyez proclamée *bienheureuse* par *toutes les générations !* »

Puisque les consolations de l'Ange s'adressent, spécialement et sans équivoque possible, à Marie, laissons à Marie son ange, et qu'une main profane n'essaye point de *séparer* ce que le génie créateur conçut et voulut *inséparable.*

Et de ce poste d'élite, de haute convenance et d'honneur, où s'avise-t-on de le transférer ? M. Dauban, qui le trouve *trop court*, croit naïvement le grandir en le repoussant, « avec la croix ramenée à sa hauteur normale, » derrière le groupe de la Vierge, condamné lui-même, *à raison de ses proportions* prétendues *inférieures*, à un recul qui ne peut, en résultat, qu'en amoindrir l'aspect.

Sans se préoccuper de savoir s'il ne va point précisément, avec l'embarras de ses aîles demi-éployées et du symbole de la crucifixion, *barrer* cette fois effectivement le passage aux deux Vieillards qui, reprenant haleine, se disposent à porter la sainte dépouille au tombeau, — M. Dumont, lui, transporte l'Ange à côté de Madeleine, dont le rôle exceptionnel n'a aucun rapport direct avec le sien. Tâchez, Messieurs, de vous entendre ! Pour moi, je ne vous comprends ni l'un ni l'autre.

Serait-ce pour justifier sa vague dénomination de l'*Ange exilé* que, dans son turbulent projet, M. le Conservateur-adjoint tient si fort à le reléguer derrière le second plan, pour en constituer un troisième, à lui tout seul, « au haut de la pyramide formant le sommet du triangle ? » Nécessairement on le placera de *face* ou de *profil :* de face ? — il nous dérobera, en les enfonçant dans la paroi, — ses ailes *d'un si parfait travail ;* sans compter qu'il paraîtra pousser ou menacer, avec ses bras tendus, le groupe ternaire placé devant lui, au point qu'on se demandera, comme Jules II de sa statue de bronze à Bologne, s'il maudit ou s'il bénit : de profil ? — il aura l'air d'adresser ses consolations au mur, hélas ! insensible, et ses mains, si éloquemment expressives dans leur direction révérentielle vers le Christ, s'en iront, insignifiantes et perdues, je ne sais plus où ! Respectez donc, avec l'indubitable pensée de l'*ordonnateur* primitif, la pose si rationnelle de ce pathétique Envoyé, qui n'est pas du tout frappé d'*exil ;* car, la Victime ensevelie, il remontera aux Cieux pour en redescendre un instant encore, et calmer l'anxieuse inquiétude des pieuses Galiléennes en leur disant : « Vous cherchez Jésus de Nazareth ? il n'est plus ici ; il est ressuscité, selon sa prédiction ! »

« L'Ange placé au dessus, *dont on ne verra plus,* — s'écrie triomphant l'inventeur non breveté de cette bizarrerie, — *que la tête et le torse*, ne paraîtra pas trop court. »

M. Dumont, qui ramène ce personnage au premier plan, par le motif, dit-il, à sa façon cavalière, que « sa pose demi-courbée, avec les bras en avant, semble faite exprès *pour passer au dessus de la Madeleine*,etc... » justifie ainsi ses préférences : « On peut se convaincre davantage de là nécessité d'une mo-
» dification par le fini du travail dont cette statue a été l'ob-
» jet jusqu'au bas de sa *robe* et de sa *jambe*, l'une et l'autre
» si mal à propos *cachées ;* il est évident qu'elles étaient faites
» *pour être vues*, ainsi que le marteau et les tenailles, si fidè-
» lement imités, qui sont à ses pieds et qu'en l'état actuel per-
» sonne ne voit. »

Ainsi, dans un quart d'heure d'émancipation, M. Dauban cache, comme une *défectuosité*, ce que M. Dumont, son oracle ordinaire, signale hautement comme une *amélioration du tableau*. Vérité en deçà des Pyrénées, erreur au delà ! Encore une fois, Messieurs, tâchez de vous entendre ! S'il m'était permis à moi de tenter une conciliation, je vous engagerais à conserver chacun vos idées, en laissant à Richier la sienne, qui les vaut bien, je présume !

Est-ce que, d'ailleurs, en peinture comme en sculpture, dans toute composition représentant une *action collective*, il est possible de tout mettre *en vue* à la fois ? N'y a-t-il point toujours des parties *sacrifiées*, quoique finies, à l'effet général du tout ? Et puis l'artiste chrétien, qui a fait de son œuvre une prédication dans la pierre et par la pierre, n'a-t-il pas dû penser que les Fidèles, en s'approchant de plus près, trouveraient un aliment à leur piété dans la naturelle reproduction de certains détails qui, de loin, échapperaient à leurs regards ?

Qui oserait dire, après l'avoir attentivement considérée, que Salomé, si pénétrée de ses pieux devoirs et si recueillie, n'est point, elle, rigoureusement à sa place ?

Assurément personne, excepté toutefois M. Dauban. On lit, en effet, dans sa récente notice sur *Ligier Richier*, — où, de son aveu, il s'inspire des idées que lui a *suggérées* M. Dumont, — cette *incroyable* interprétation du rôle touchant si délicatement rempli par Marie-Salomé : « Marthe... paraît *la-* » *ver les linges* préparés pour l'ensevelissement. » A l'erreur de nom près, est-il permis à un observateur sérieux de se méprendre à ce point ? Marthe ou Salomé *ici* travestie en *lessiveuse*, en *lavandière !* et le *sépulcre*, prêt à recueillir le corps de Jésus, transformé en *auge*, en *cuvier*, pour employer l'expression la moins triviale ! Le *linceul* funèbre, LINTEUM des Anciens, le *blanc suaire*, SINDON MUNDA de l'évangéliste saint Mathieu, pris, par un *connaisseur émérite*, pour des *linges* qu'on *lave !* et c'est dans ces *linges humides*, apparemment, qu'on va envelopper le divin cadavre ; à moins qu'après en avoir exprimé l'eau, on ne les *tende* sur les bras de la croix, pour leur donner le temps de *sécher* dans ce lieu sombre, inaccessible aux rayons du soleil!

Et ce sont des *amateurs* de cette force-là, — qu'ils viennent de Paris ou de Pékin, — qui osent censurer une aussi magnifique composition! qui en proposent, avec un imperturbable à-plomb, le *remaniement*, et qu'on semble pousser à la tête de la Commission, si toutefois ils ne s'y sont déjà hissés eux-mêmes ! N'était la haute gravité du sujet, je m'écrierais volontiers : *Risum teneatis, amici !*

Certes, si Salomé faisait en réalité la singulière *besogne* qu'on lui prête avec tant d'ingénuité, il importerait peut-être de la dissimuler davantage aux regards ; mais, faute de cela, comme on n'en persiste pas moins à la *déloger* à tout prix, on invoque, à l'appui de cette tapageuse théorie du déplacement, « la nécessité où, soit Richier, soit d'autres après lui, » se seraient trouvés jadis de COUPER *le tombeau, devenu* » *trop court pour le corps qu'il va recevoir.* »

Rassurez-vous ! A l'encontre de votre rêve, n'ayant rien à *couper*, Ligier n'a rien *coupé*. Il avait, ce madré, si bien éventé l'objection que, pour l'annuler, — obligé, par l'étroitesse même du lieu, qu'il n'ignorait point, de restreindre les dimensions de sa *pierre sépulcrale*, — il a su, en l'inclinant au dessus, les bras étendus, présenter Salomé en *vue de*

*trois quarts*, de manière à masquer au spectateur l'inachèvement du tombeau, lequel dès lors est censé se prolonger
en retraite derrière l'humble ensevelisseuse. Inutile donc,
parfaitement inutile de la colloquer en arrière et plus loin,
d'autant plus qu'elle adhère comme masse au bloc du sépulcre. Et, pour y arriver, quel détour et quel surcroît de
chemin n'imposerez-vous pas aux deux Vieillards, épuisés
déjà de fatigue et de douleur ?

Il y a plus : c'est que, dans ce système, rationnellement
*irréalisable*, et pour atteindre vos fins, vous seriez, vous, dans
la *nécessité*, pour le compléter, d'ajouter, au travail *volontaire-
ment écourté* du Sculpteur, un supplément de votre main
propre. Bizarre façon, convenons-en, *d'améliorer* l'aspect
d'une œuvre et de *la sauver de son délaissement et de sa
ruine*, que de la refaire *à nouveau* contre le gré formel de
son auteur ! Que penseriez-vous d'un rapin qui, sous le beau
prétexte de *l'avantager*, s'aviserait de *retoucher*, de *modifier* une perspective de notre fameux paysagiste lorrain,
Claude Gelée ? ou d'un maçon assez osé pour percer des jours
de son invention dans cette splendide coupole, sous laquelle
Michel Ange a su mystérieusement abriter ses remarquables
mausolées des Médicis à Florence ? ou d'un rhéteur pédant, qui
aurait l'outre-cuidance de parfaire l'éloquente ébauche d'un
sermon de Bossuet ?

Et Madeleine, que vous englobez dans votre anathème
général, par là même que vous ne l'en exceptez pas, est-ce que
sa place, sa vraie place, sa seule place, n'est pas aux pieds
mêmes de ce Maître aimé, dont elle s'approche toute en larmes
et suffoquée par les sanglots, avec une si captivante et si affectueuse expression de respect, de tendresse et de repentir ?
l'arracherez-vous, elle aussi, au cher objet de ses regrets et de
son amour purifié, régénéré dans la grâce ? Je vous défie,
Messieurs les habiles, de la reculer *d'une palme* sans fausser,
sans appauvrir, sans annihiler son caractère et son rôle.
Inclinez-vous donc, près d'elle, devant cette défense que lui
adressera bientôt Jésus ressuscité : « Ne me touchez pas !
*Noli me tangere !* »

Et Véronique, qui, plongée dans la muette extase de l'affliction, souffre visiblement, comme si ces épines entrelacées lui entraient dans le cœur une à une ; Véronique, ce vrai type de la douleur chrétienne dans sa noble gravité, où la voudriez-vous ailleurs ? n'est-il pas juste qu'elle porte la sanglante couronne aux côtés du ROI mort, et que le trophée accompagne le Triomphateur ?

Et le Centurion, ce brave et loyal chef, cet inflexible mais bienveillant observateur de la consigne donnée, qui résume en lui seul toutes les sévérités de ce poëme austère, auquel il ne s'associe que par l'éloquente sympathie de son attitude et de son silence, vous le faut-il encore ? Et, pour l'enlever du siége martial où le posa Richier, lui dénierez-vous, comme à l'Ange et à Salomé, la vraie signification de sa présence et de son intervention ? Ne lisez-vous pas sur son énergique visage, plus habitué à regarder l'ennemi en face qu'à gémir avec ceux qui gémissent et à pleurer avec ceux qui pleurent ; ne voyez-vous pas, à sa contenance émue, que le grand deuil dont il est le témoin n'est point pour lui un deuil ordinaire, un deuil domestique, mais le deuil général de la nature en émoi et du genre humain sauvé par la volontaire immolation de son Libérateur ? Penché sous le poids de ses hautes réflexions, il repasse en son âme tout ce qui s'est fait sous ses yeux depuis le Prétoire où Jésus *se taisait* devant ses calomniateurs, jusqu'au Calvaire où, du sommet de la Croix, il promettait le Paradis au Larron repentant, en demandant grâce à son Père pour l'ignorance de ses bourreaux ; et jusqu'à cette sombre enceinte où le Juste, jetant par terre ses gardiens terrifiés, va tout à l'heure prouver au monde stupéfait qu'il est l'Homme-Dieu. Qui donc gêne-t-il en ce coin, d'où il voit tout sans troubler personne ? N'est-ce point le poste naturellement assigné au surveillant officiel de l'inhumation ? Pour l'ôter de là vous n'imaginez rien moins, — vos inqualifiables suppositions me contraignent à vous le dire, — qu'une *absurdité* sans nom, dont le *bon sens*, le *bon goût* et la *sagesse* de Ligier Richier étaient très-certainement incapables. Au lieu du *glaive* ou *coutelas*, signe caractéristique du commandement chez les Romains, pour les Tribuns et les Centurions, comme chez nous l'*épée* et non pas le *fusil* pour nos officiers, vous le munissez héroïquement de l'arme vulgaire du soldat, d'une *lance impossible*, qu'il ne devait point avoir, qu'il n'eut jamais, et avec laquelle vous le faites généreusement « *percer de part en outre* la mère de Salomé ». Regardez d'un peu plus près, et vous vous convaincrez vous-même, *de visu*, qu'à l'instar de ce *quidam* qui prenait le Pirée pour un nom d'homme, vous avez pris *naïvement* la *gaîne* d'un *poignard*, dont la *garde* a perdu son *pommeau* à tête d'aigle ou à muffle de lion, pour le *manche* ou le *tronçon* d'une *lance* (1).

Est-il honnête, est-il équitable d'attribuer ses propres bévues à un homme de génie, pour se donner le mesquin plaisir de le ridiculiser, et le droit apparent de remanier et de bouleverser, de fond en comble, son œuvre capitale ?

O mon pauvre Ligier ! toi si grand dans tes conceptions et si vrai dans tes œuvres ; toi qui alliais si merveilleusement la science à l'art ; toi l'observateur si scrupuleux de toutes les convenances ; toi le si expressif poète de la douleur et des tombeaux ; jusqu'où ne t'abaisse pas l'*effrayante bonne foi* des HOMMES CAPABLES, des… *savants terribles*, qui, pour sauver ton arche, font, sans sourciller, du premier de nos statuaires catholiques, un IGNARE, qu'ils ravalent à leur taille !

A quelles invraisemblances, à quelles choquantes contradictions, à quelles méprises, plus ou moins bizarres, le parti-pris, l'esprit de système n'expose-t-il pas ses trop fervents adeptes ! A quelles impasses ne vont-ils pas se heurter !

Transformant à plaisir sa *lance* en *baïonnette*, l'avisé promoteur du *déplacement* croit, dans sa candeur, tirer le Centenier d'embarras en le faisant « *regarder* le spectateur pres-» que *en face*, à l'aide d'une notable *conversion* de son » corps. » — « A ce moyen, poursuit-il, il ne tiendrait plus, » contre toute raison (c'est juste), le *manche* de sa *lance* de » manière à ce que, si elle avait seulement la longueur d'une » simple *baïonnette*, il serait forcé de *la passer au travers du*

» *corps* » — ils n'y vont pas de main morte, ces Messieurs ! —
« du personnage qui est devant lui. »

Votre compassion part d'un bon naturel ;
. . . . . . . . . . . . . . . . . . . . . . . . . . . . . . . . . .
Mais quittez ce souci.

Et comment ne vous apercevez-vous point qu'au manifeste
détriment de l'unité d'action, loi suprême s'il en fût, vous en-
levez ce deuxième converti du Calvaire, — le bon Larron était
le premier, — à son royal Maître, auquel il appartient corps et
âme, pour le donner, « sans autre forme de procès, » à la vaine
curiosité d'un public dont il n'a cure ? Est-ce que cette tête
qui ploie sous l'amas de pensées qu'y fait surgir la présence
de la grande victime ; est-ce que ce torse, si vaillamment
cambré sous sa cotte d'armes plastronnée ; est-ce que cette
attitude, enfin, ne vous disent pas assez haut qu'il est là, le
Guerrier croyant, pleinement livré aux impressions d'une si
lamentable cérémonie, et tout entier à l'Homme-Dieu qui en
est l'objet direct ? et vous songez à l'en distraire !

Croyez-moi ! ne le troublez point dans son éloquent repos,
cet immobile Penseur, dont le type grave rappelle si bien le
*Pensieroso* de Buonarroti à Florence ; bornez-vous à restituer
à son glaive le pommeau qu'il a perdu ; rengaînez votre
*baïonnette* à vous, sauf à l'exhiber dans une occasion plus op-
portune ; gardez votre *conversion*, qui ne vaut rien, et laissez-
lui la sienne, qui vaut mieux, car c'est la bonne, la vraie bonne
et la seule bonne !

Reviendrai-je à ces héros de corps-de-garde, au rôle in-
fime et infâme, qu'à dessein l'Artiste lui-même a relégués dans
une pénombre, et qu'autrefois, — il m'en souvient, — avant
le dérangement de la statue de Véronique, reprise en sous-
œuvre, on découvrait moins encore qu'à présent ? Hélas ! il le
faut bien. Nos *dislocateurs* intrépides se sont épris, à l'endroit
de ces vauriens, d'une si belle et si tendre passion, qu'ils ne
cachent plus leur vif désir d'*avantager*, en le mettant en lumière, ce vilain couple soldatesque, dont Richier dissimula si

sagement l'aspect en le condamnant à grimacer, comme la lâche hyène, dans cet obscur enfoncement. Seulement, ici encore, la discorde est au camp d'Agramant, et Numa rebelle
fuit sa Nymphe, qui le boude à l'écart.

Cette proie, médiocrement appétissante, les affriande si fort
l'un et l'autre, qu'en bon prince, et pour leur être agréable, je
la leur abandonnerais volontiers un instant, s'il était en ma
puissance de joindre les abattis aux morceaux, tronqués, *ina-
chevés*, selon moi, et j'ai raison ; *achevés*, selon eux, et ils ont
tort ; mais ce rajustage-là dépasse ma compétence et mes pou-
voirs. Que dirait à son mandataire infidèle le sévère mandant
d'outre-tombe ?

Vous figurez-vous, Lecteurs impartiaux, ces Crétins esclo-
pés, affranchis enfin d'une servitude de plus de trois siècles,
escaladant, usurpant tout à coup une place d'honneur inatten-
due, inespérée, pour accaparer effrontément, avant la sainte
Mère du Christ, peut-être, — et les regards et l'attention des
Chrétiens ! le rire infernal couvrant de ses éclats cette indes-
criptible scène de deuil, de soupirs et de sanglots ! le bruit
indécent troublant le religieux silence de la mort, en face de
la victime et du tombeau ! le scandale, enfin, dans son affreuse
et révoltante nudité, insultant à l'*incomparable* douleur et à
l'édification !..... Je m'arrête : dignité oblige.

Quant à l'arrangement matériel, M. Dumont, qui tient à ses
*Bandits*, leur réserve, il est vrai, un poste d'élite ; mais, comme
il est humain, il a le bon esprit de ne point scinder leur si expansive fraternité. Moins scrupuleux, — il n'est pas du pays !
— M. Dauban, lui, qui veut « les Gardes *bouchant les trous à*
DROITE *et à* GAUCHE, » tranche hardiment dans le vif. Or, ces
Gardes ne formant ensemble qu'un bloc avec le cylindre guerrier qui les rapproche et les sépare, il faudrait, pour en caser
*un dans chaque trou*, puisque *trou* y a, — au risque d'inter-
rompre leur *partie*, — et ce serait dommage ! — il faudrait,
dis-je, de toute nécessité, *couper le tambour en deux*, en leur
en laissant équitablement à chacun la moitié ; opération assez
délicate, mais d'un effet *très-pittoresque !*

Sans se soucier le moins du monde de ce qu'a philosophiquement de monstrueux cette annexion forcée du vice à la vertu, de l'honneur à l'infamie et de la sympathie à l'outrage, l'ingénieux Compilateur, — qui s'est occupé de la *spécialité des Piloris*, — eût eu grande liesse pourtant à faire *emboîter* au Centenier, « qui n'a qu'*une jambe* DONT *l'autre* n'a pas été faite, » le soldat accroupi, qui n'en a point du tout.

Convenons que Numa le *désemboîteur* joue-là un bien méchant tour à son Egérie, l'honnête ingrat !

Mais consolez-vous, trop sensible Nymphe ! l'objet de vos regrets n'est point perdu. A vos accents, peu virgiliens il est vrai, mais excusables puisque vous datez au moins d'Ennius, — dont le fumier, dit-on, avait ses *perles*, — je m'aperçois, non sans surprise et sans joie, que les *deux* jambes existant *dans une seule et même*, il vous sera facile dès lors de retrouver la jambe droite, qui manque, dans la jambe gauche qui reste !

Vainement, fidèle à sa promesse, en prôneur passionné des effets de théâtre, *Séraphin II*, montant et démontant ses *bons hommes-modèles*, de plâtre, de bois ou de caoutchouc, — démolit-il en détail, pour la reconstruire en gros, l'indivisible conception du génie ; vainement s'épuise-t-il, en se substituant lui-même à l'Artiste, à démontrer aux gobe-mouches comment Ligier, l'immortel Ligier, *aurait dû s'y prendre* pour agencer ses personnages et disposer *beaucoup mieux* sa mise en scène : il perd son temps, son talent et son argent, dignes assurément tous trois d'un moins stérile emploi.

Non ! Messieurs, il n'est pas plus permis, — sachez-le bien ! — de toucher à Ligier Richier qu'à Michel-Ange, son glorieux maître et patron ; qu'à Columb, à Juste, à Bontemps et à Jean Goujon, ses illustres émules contemporains ; qu'aux Cordier, aux Coysevox, aux Coustou, aux Puget, aux Adam, aux Pigalle, ses vaillants successeurs ; et il serait *au moins* aussi téméraire de remanier, *pour l'améliorer*, l'adorable monument de St.-Mihiel, que de disloquer, pour donner plus *d'éclat à ses avantages*, le magnifique mausolée du Maréchal de Saxe à Strasbourg.

Et ce sont ces parlantes figures de *Salomé*, de *l'Ange*, de *Véronique*, du *Centurion*, des *Joueurs* eux-mêmes, si habilement distribuées, — nous l'avons établi, — « qui semblent » à M. Dauban, fort heureusement satisfait « des deux groupes principaux, » comme « *jetées au hasard !* » J'ignorais, pour ma part, que le hasard fût doué d'autant d'intelligence.

Gabriel, « jeté au hasard » entre le divin Crucifié qu'il adore si profondément, et sa Mère anéantie, qu'il plaint et console !

Madeleine, « jetée au hasard » à ces pieds déchirés où elle est si belle de tendresse et de vénération, et dont son avide lèvre aspire les plaies béantes !

Salomé, « jetée au hasard » contre ce sépulcre ouvert sur lequel elle étend, avec un si religieux respect, le blanc linceul destiné à l'Agneau sans tache !

Véronique, « jetée au hasard » à deux pas de son Roi, avec le sardonique emblême de Souveraineté que le *hasard* aussi, sans doute, *a jeté* de la tête meurtrie du Monarque, qui en porte les stygmates, dans ses mains tremblantes, et sous ses yeux gonflés, qui le contemplent *par hasard !*

Le Centenier, « jeté au hasard » sur le bouclier dont il s'improvisa discrètement un siège à l'écart, dans l'intérieur de cette roche nue, où il n'y en a d'autre que le lit glacial de la mort ; et méditant *au hasard* sur les triomphales humiliations du Calvaire, et sur les splendeurs de la folie de la Croix !

Le génie aurait-il été « jeté au hasard » dans le cerveau du statuaire, sans que Dieu, l'auteur de tout don parfait, y fût pour rien ?

Le *hasard*, puisqu'il vous en faut, n'est guère ici que dans le coup de dés, l'*aleâ jactâ* des Gardes-partenaires, confinés en arrière-plan au seul endroit digne d'eux et de l'indignité de leur rôle ; car, eux non plus, ils ne furent point « jetés là au hasard, » ces vils mercenaires qui jouent hâtivement, dans l'ombre, le produit de la sainte robe vendue, en attendant qu'à l'instar du traître Juda, ils s'en aillent demain recevoir des mains *prodigues* du Sanhédrin troublé, qui les rassurera contre les objurgations de Ponce-Pilate, « une grosse somme d'argent, » *pecuniam copiosam*, pour accréditer dans le peuple l'odieux mensonge de l'enlèvement furtif du Christ pendant leur sommeil.

Aussi, à part ce sarcasme du sort, symbole de la fatalité sceptique en face des affirmations de l'ordre providentiel, ne vois-je là, moi, de « jeté au hasard » qu'une parole inconsidérée, irréfléchie, que regrettera son trop prompt auteur, et qu'il aura à cœur de rétracter.

Et c'est cet ensemble, unique au monde peut-être, que notre *hasardeux* touriste ne craint pas d'appeler *un pêle-mêle malheureux !*

Malheureux vous-même, Monsieur, de n'apercevoir qu'un *pêle-mêle* là où les plus exigeants et les plus difficiles surent toujours contempler en extase un véritable modèle d'invention, d'agencement et d'exécution !

La Mère, chancelante et mourante auprès du Fils mort ; les Disciples, les Parents, les Amis, silencieusement groupés, — qui debout, qui à genoux, qui penchés ou assis, — autour des deux Victimes ; toutes ces physionomies si fortement quoique diversement impressionnées ; tous ces cœurs navrés battant à l'unisson sous la vibration d'une émotion commune ; toutes ces inexprimables tristesses si noblement, si sympathiquement confondues en une seule ; tout ce drame, enfin, car c'en est bien un, et des plus émouvants, — *confusion, désordre,* PÈLE-MÊLE !

Beau désordre au moins, que celui devant lequel s'inclinèrent tour à tour tant de fronts, couronnés d'or, de gloire ou d'infortune ; tant d'éminents personnages qu'il charma tous par ses magnétiques effluves, en dépit des oppositions ou des antipathies d'états, de croyances et de caractères !

Beau désordre encore et merveilleux *pêle-mêle* que celui qui, sans rappeler d'autres illustrations analogues, eut le secret, la puissance de captiver pendant *trois heures d'horloge,* comme disent les Lorrains, le fameux peintre-régicide David, lequel pourtant, dit-on, n'était guère plus dévot que royaliste, et qui se fût bien gardé, lui, d'en proposer jamais le *remaniement !* Pareille idée fût-elle jamais entrée non plus dans la tête si intelligente de Nicolas *Saunois,* le peintre éminent de la fin du dernier siècle, qui donna à l'église abbatiale en 1777 la belle copie de l'*Archange terrassant Satan*, exécutée par lui à Rome d'après l'original du Guide ; qui avait fait un magnifique dessin du *Sépulcre*, aux deux crayons, et que M. Dumont n'a pas même nommé dans son Histoire ? ou dans l'esprit si judicieux d'un autre homme de goût, comme Saunois enfant de St.-Mihiel, feu M. de Rouvrois, l'élève habile de Girodet-Trioson, et dont l'âme d'artiste comprenait si bien, *je le sais !* toutes les nuances, toutes les délicatesses du génie de notre puissant statuaire ?

Mais la base même de notre argumentation, dans le cours de cette thèse, ne serait-elle pas entachée de suspicion légitime ? et n'est-on pas en droit de nous opposer préjudiciellement, — pardon de la formule ! — une *fin de non-recevoir ?*

Nous avons le malheur, si c'en est un, d'adopter la noble devise de Silvio Pellico, l'illustre et résigné martyr du Spielberg, à qui Saluces, sa ville natale, va bientôt ériger une statue méritée : Credo, spero, amo ; *je crois, j'espère* et *j'aime* (2) *!* Or, on ne veut pas que la *foi*, on ne veut pas que l'*espérance*, on ne veut pas que la *charité*, on ne veut pas que la *piété*, en un mot, entrent, pour quoi que ce soit, dans l'étude et l'appréciation des monuments d'arts éclos sous leur incubation féconde ! il n'est point permis à des chrétiens catholiques de juger, avec leur croyance, les *créations religieuses* d'un statuaire hors-ligne, catholique et chrétien comme eux et avant eux ! Il leur est interdit de poser, dans la balance de leur admiration, ces poids équitables qui la justifient ! On les déclare *à priori* incompétents et forclos, en leur disant superbement : Arrière, gens dévots ! nous ne vous connaissons pas !

Telle est du moins la théorie, je ne dirai pas de M. Dauban, qui, en fait, se sépare ici, d'une façon assez tranchée, de son inspirateur avoué ; mais du *savant Historien* lui-même.

Voyons d'abord, à sa propre manière de caractériser le génie de Ligier, s'il est beaucoup plus digne que nous de porter, sur ce grand Sculpteur, un jugement sans appel.

J'ouvre de nouveau le 3ᵉ volume de l'*Histoire de St.-Mihiel,*

et j'y lis, page 521, la formule que voici : « L'expression à la
» fois naturelle et sublime de la plupart de ces physionomies,
» en si parfait accord avec la scène douloureuse à laquelle
» elles assistent, fera toujours de Richier un artiste admira-
» ble, *et l'on s'étonnera* A JUSTE TITRE *de la grandeur de*
» *son talent, si l'on réfléchit* A QUELLE ÉPOQUE, *déjà éloignée*
» *de nous, il a vécu.* »

Que dites-vous de cette *impayable restriction* à des éloges assurément plus que mérités ? N'est-elle pas, selon l'a-
dage reçu, curieuse à la *mettre sous globe ?*

Je m'étonne, moi, de l'étonnement de M. l'étonné. C'est
précisément tout le contraire qu'il faudrait dire, pour parler
juste et sensément. Eh quoi ! il y a lieu d'être surpris qu'à
540 ans de distance, à l'époque même et sous la vivace et toute
chaude influence des plus hautes célébrités contemporaines
de l'Italie, de la France et de l'Allemagne, le talent natif de
Ligier Richier, couvé, stimulé par d'aussi riches et d'aussi
féconds éléments, se soit développé à ce point ! et l'on tire de
son éloignement, cause principale, exceptionnelle, unique,
peut-être, de sa force, une sorte de circonstance atténuante
en sa faveur ! En vérité, j'y perds mon latin. Mais si, au lieu
de dater d'il y a plus de trois siècles et demi, ce grand homme
datait seulement d'hier, vous n'auriez plus à vous préoccuper
de la restauration, ni de *l'amélioration* de son *Sépulcre,* par
la raison manifeste que vous n'auriez point de *Sépulcre* du
tout. Où, de grâce, rencontrez-vous, en nos temps moder-
nes, et plus près de nous, des productions de ce caractère et
de ce mérite ? des artistes de ce *calibre,* de cette trempe et
de cette nerveuse foi en Dieu, en eux-mêmes et en la puissance de leur ciseau ? Ah ! loin de paraître en souffrir, bénis-
sez-le, l'*éloignement* de Richier, cet éloignement si heureux
et pour lui-même et pour nous ; qui, à lui seul, nous explique
admirablement son indiscutable valeur ; et n'allez pas, à l'a-
veugle, à l'étourdie, d'un vrai et franc titre de gloire lui
faire, dans je ne sais quel but, — aux yeux de la Postérité qui
l'admire, elle, sans lésinerie comme sans restriction, — un faux
titre d'excuse ! — Vous lui pardonnez d'avoir été grand : il

dédaigne votre pardon ; vous l'absolvez de son génie : il ne veut pas de votre grâce , pas plus que d'illustres opprimés ne veulent, à cette heure douloureusement solennelle, d'une tardive et dérisoire amnistie, pour être absous de leur héroïsme !

—

Le parcimonieux panégyriste de Ligier Richier est si naturellement convaincu, au fond, de l'infirmité de sa théorie, que, par un aveu qui l'honore et dont je le félicite de tout mon cœur, fléchissant sous le poids de sa sentence personnelle, il ne peut résister au besoin d'avouer, immédiatement après, son « insuffisance » en fait d'appréciation d'art, et de s'en référer, sous ce rapport, à « d'autres plus compétents. » Mais, ô versatilité de l'esprit humain ! comment concilier la sincérité, assurément non douteuse, de cette modestie toute spontanée, avec la prétention quelque peu hautaine d'interdire, six lignes plus bas, à l'élément religieux, son incontestable prépondérance dans le jugement d'une œuvre où lui revient, de droit, la plus large part ? d'accuser le *sentiment de la dévotion* de l'avoir presque toujours emporté, chez les *Descripteurs*, « sur celui de la science, » et de mettre à l'*index* les « inspirations » de la *piété personnelle*, » comme étant, « en matière d'art, » un *dangereux moyen* de se tromper et de tromper les au-» tres ! »

Depuis quand et en vertu de quels étranges principes, jusqu'à ce jour inconnus, l'*idée*, âme et substance de l'*image*, doit-elle être impitoyablement sacrifiée à la *forme*, qui n'en est, après tout, que l'enveloppe, le revêtement extérieur et la parure ? Et si, de l'avis unanime des maîtres de l'esthétique, en cela conforme à la saine raison, il est absolument impossible de bien juger les merveilles du ciseau grec, sans tenir compte des inévitables influences de la mythologie païenne ; comment, — je le demande à tout penseur libre, sinon à tout *libre penseur*, — comment apprécier avec justesse et à leur valeur réelle, les sublimes créations de l'art chrétien, quand l'on suspecte d'avance la *piété personnelle* et le *sentiment* vrai de *dévotion* qui, au vu et su de tous, les inspirèrent jadis ? D'où je conclus, avec l'irréfragable autorité du *bon sens* et du

*sens commun*, que, — à part les différences relatives naissant de l'antagonisme ou de la diversité des croyances, — il n'y a pas deux méthodes d'examen et d'étude des productions de l'Art en général ; et que l'Observateur attentif et désintéressé qui, unissant un *tantinet* de goût et de science acquise à beaucoup de foi, juge sainement Ligier Richier, n'est pas, pour peu qu'il soit initié aux théogonies antiques, du tout *incapable*, — n'en déplaise à mon trop exclusif contradicteur, — de juger non moins sainement Phidias. Le Prince incontesté de la sculpture hellénique, s'il apparaissait un instant au milieu des pâles médiocrités de notre âge, ne manquerait pas, en s'arrêtant pensif devant l'œuvre magistrale de son moderne émule, de s'enquérir, s'il ne la devinait pas, de la foi religieuse qu'il professait ; et bientôt, — à l'exemple du Centenier, — lui le disciple et l'ami de ce divin Platon qui pressentit et annonça le Messie, il s'écrierait ému, les mains vers le Ciel et les yeux mouillés de larmes : « Celui-là était vraiment l'ins-
» piré du Christ ! »

Assurément, notre Lorrain n'est pas plus un grec mythologue que l'Athénien n'était un français Christicole ; mais n'ont-ils pas, l'un et l'autre, traduit et célébré, à leur point de vue et dans sa vraie mesure, le sentiment de leur foi réciproque? Plus calme dans son expression, à raison même des mollesses de son culte, la Paganisme, ce déificateur de la *forme*, ne comportait pas l'animation mouvementée, exigée par les austères applications du Dogme nouveau. Richier, païen, eût imité Phidias ; chrétien, Phidias ne se fût pas éloigné de Richier. Impossible donc d'exclure ou d'écarter, dans l'étude de leurs œuvres, l'*élément* générateur qui en est à la fois l'âme, le nerf et la gloire.

Ainsi, je suppose qu'à l'occasion de la consécration de la récente basilique, en 1548, — époque où MAISTRE LEGIER, à l'apogée de son talent, qui, fortifié de son honorabilité personnelle, lui avait obtenu le suffrage de ses concitoyens, figurait en tête des quatre Gouverneurs ou Maires de la Cité, — on ait, en même temps, inauguré deux autels commémoratifs en l'honneur des glorieux martyrs Ste.-Julitte et St.-Cyrique, son fils, patrons de l'Eglise primitive, et du pape St.-Etienne Ier, patron de la nouvelle ; et que les retables de ces autels, dus au magique ciseau de l'*expert Tailleur d'ymaiges*, représentassent : ici, le supplice de l'héroïque Mère, affreusement déchirée de coups par les ordres du sanguinaire Préfet de Tarse, le lâche *assommeur* de son jeune enfant, et, là, l'égorgement du courageux Pontife, décapité sur son siége par les sicaires de Valérien, dans l'enceinte même du sanctuaire où il venait de célébrer, sous le cliquetis de leurs épées nues, le saint Sacrifice ; — eût-il été possible à l'auguste Assemblée, composée de l'élite sociale d'alors, des Magistrats, qui s'honoraient de croire en Jésus-Christ, des Chefs civils et militaires, des Députés de la Noblesse, des divers ordres du Clergé et des Notables de la Bourgeoisie, tous initiés d'ailleurs au secret des grandes et belles choses ; — eût-il été possible à ces fervents adorateurs du même Dieu, d'observer, de contempler, d'admirer, d'acclamer les dramatiques tableaux tout-à-coup dévoilés à leurs yeux ravis, — en faisant abstraction de leur « foi, » de leur « dévotion, » de leur « piété personnelle, » qu'ils étaient destinés, ces tableaux, dans la pensée première de leur Auteur, à faire naître, à stimuler ou à raffermir ? Car, il n'est pas d'artiste chrétien, parmi les meilleurs, qui ait mis jamais plus franchement son génie au service de sa croyance ; il n'en est pas qui ait su communiquer à la matière un sentiment plus profond, une pensée plus haute et plus forte, une voix plus vibrante et plus sympathique. Ligier Richier, c'est le Bossuet de la sculpture : et qui oserait mesurer le vol hardi de l'Aigle de Meaux, en dehors de la puissante Doctrine qui lui imprima son essor ?

Au reste, comment ne pas répudier comme base d'un jugement artistique, en fait d'esthétique chrétienne, le sentiment religieux, quand on le comprend si bien qu'on ne l'admet même pas dans sa plénitude aux pieds des Autels ? et que chargé, par état et par devoir, de faire respecter tous les cultes légalement reconnus, on pousse, en pleine histoire, la *sympathie* pour celui de la majorité des Français, jusqu'à dénier à un héroïque Enfant, victime, sous Dioclétien, de sa tendresse

filiale, son incontestable droit au public hommage des Fidèles (5)? Elle avait, certes, une bien autre idée et de Richier et
de son œuvre, et de sa dignité personnelle, cette pieuse veuve
d'un Conseiller d'Etat et de la Cour-Souveraine, Anne Buxel-
les, laquelle, — c'est M. Dumont qui nous l'apprend, — avait
fondé à perpétuité un *Stabat,* qui se devait chanter, « *au devant du Sépulcre,* tous les premiers vendredis du mois ! » Et,
bien que ne partageant pas ses vues, j'aime beaucoup mieux
M. le Maire de St.-Mihiel déclarant nettement, — et je l'en
remercie, — « qu'il s'agit ici d'une *entreprise* à la fois *religieuse* et *artistique,* » et frappant ainsi au cœur le despoti-
que ostracisme de son administré ; car, conçoit-on une entreprise religieuse et artistique, sans un *art religieux ?* or, est-il
possible d'apprécier une œuvre d'art religieux, sans tenir
compte de la Religion, l'évidente inspiratrice de cet art ?
qu'on me réponde !

Animé des meilleures intentions, M. Larzillière-Beudant,
que je viens de désigner, a fait naguère un appel aux lumières
et à la générosité des compatriotes de Ligier Richier ; mais,—
je le dirai avec une franchise égale à la sienne,—contrairement
à la véritable pensée de l'honorable et consciencieux Magistrat, ce loyal appel avait, à mon sens et de l'avis de plusieurs,
le tort grave de préjuger en quelque sorte la question, en pa-
raissant imposer d'avance à l'Opinion la douteuse et discuta-
ble autorité d'un nom propre, tant respectable fût-il d'ailleurs.

M. le Conservateur-adjoint de la Bibliothèque impériale réu-
nit, je n'en doute pas, et comme homme et comme savant, toutes les qualités qu'exige l'importante spécialité de son emploi ;
le poste éminent qu'il occupe nous en offre en même temps et
la preuve et la garantie. Toutefois, le don si rare de l'*univer-
salité,* s'il exista jamais, est l'exclusif privilége d'un bien petit
nombre d'élus. On peut être *Bibliophile fort-distingué* et
très-médiocre appréciateur des productions de l'Art en général, et de certains Artistes en particulier. Or, la *Notice* publiée
par M. Dauban dans le tome V<sup>e</sup> de la *Revue des Sociétés sa-

vantes, (pages 182-214,) sur *Ligier Richier*, n'est, sous plus d'un rapport, quoiqu'élégamment écrite, qu'un pastiche superficiel, hérissé, — j'en ai donné la preuve, — d'erreurs, de contradictions et de méprises, où *la Folle du logis* joue assez souvent le rôle principal. Quand un *Amateur*, trop sérieux pour parler de ce qu'il n'a point vu et vérifié, a supposé l'intelligent Statuaire, — dont il prétend *remanier, déplacer, transporter* et *recomposer à nouveau* l'inattaquable ouvrage, — assez ignorant des principes les plus élémentaires de son art, pour armer stupidement le Centurion d'une *lance en arrêt ;* et assez oublieux des plus simples convenances de situation, pour faire de l'angélique Salomé *une blanchisseuse,* occupée, dans un aussi solennel instant, à *laver* des *menus* dans le Sépulcre ; cet Amateur, si spirituel et si recommandable soit-il, a certainement donné, en deux lignes, du moins en ce qui concerne la question spécialement agitée, la mesure de ses appréciations personnelles, et, du même coup, rendu fort problématique une compétence si chaudement patronnée (4).

Ah ! nous en avons connu et nous en connaissons encore des juges compétents ! et je n'ai pas oublié la sincère et spontanée déclaration d'un homme du monde, alors paysagiste fort distingué, alliant un goût sûr à de solides connaissances ; dont nos Expositions et nos salons se disputaient les brillants pastels, et qui, fervent disciple du tant aimé et tant regretté Père Lacordaire, qu'il précéda dans la tombe, devait bientôt échanger les joies de la terre contre les austérités de la vie cénobitique. « J'ai beaucoup voyagé, » —m'a-t-il dit en maintes occasions, — « et voyagé en artiste ; j'ai visité deux fois l'Ita-
» lie, et séjourné assez longtemps à Gênes, à Milan, à Venise, à
» Parme, à Florence et surtout à Rome ; j'y ai admiré de ma-
» gnifiques statues, mais je vous puis affirmer que, jamais et
» nulle part, je n'ai rencontré de *composition*, de *groupe*,
» d'une harmonie plus heureuse et d'une expression aussi sai-
» sissante, aussi sentimentale, aussi vraie que le *Sépulcre* de
» votre cher Ligier ; aucun monument de sculpture, et j'en ai
» vu de bien beaux, ne m'a causé de pareilles sensations ! » Et ce n'est pas à M. Alphonse de St.-Beaussant qu'il eût fallu par-

ler de rompre cette heureuse harmonie et de mentir à cette vérité de caractères et de rôles, par une retouche quelconque, encore moins par une translation, fatalement suivie d'un *re-maniement* posthume ! Bien qu'il fût, par nature et par vertu, d'une douceur égale à son amabilité, il eût pris feu sur une proposition de ce genre. C'est qu'en lui, si l'honnête homme avait la conscience dans le cœur, l'artiste l'avait dans les yeux, et qu'il ne parlait jamais de quoi que ce fût qu'après mûr examen ; c'est que la religieuse et poétique création du sublime Enfant de St.-Mihiel avait été, de sa part, l'objet de plus d'une visite, de plus d'une étude et de plus d'une extase !

Aussi, personne n'a-t-il le droit de se méprendre, à notre propre égard, en confondant ici nos sympathies admiratrices avec la factice exaltation d'un enthousiasme de commande ! Non ! nous accomplissons un acte sincère, loyal résultat d'une conviction raisonnée et raisonnable, fruit elle-même des plus persistantes observations. Pour étudier et comprendre Ligier Richier, il ne suffit pas, entre deux relais de Diligence, d'aller, hâtivement et par un temps quelconque, saluer son œuvre en touriste affairé, effaré ou affamé, qui, laissant son âme à la porte, n'arrive là qu'avec ses yeux de curieux ébahi. Il la faut voir à fond, cette œuvre, non pas une fois, mais deux, mais trois et plus, à son vrai jour, à son point de vue le meilleur ; il faut non seulement la voir, il faut la *regarder* et la *considérer* attentivement, sous tous ses aspects et à plusieurs reprises, de face et de côté, de bas en haut, à genoux, assis, et non debout, quant à présent du moins ; il faut dormir ensuite sur ses premières impressions, pour en sentir mieux, au réveil, l'extraordinaire puissance, qui devient ainsi de jour en jour, de visite en visite et d'étude en étude, le multiple d'elle-même ; car, loin d'y perdre, comme tant d'autres, le gigantesque travail de Richier a ce rare privilége de gagner à être revu, et de captiver, graduellement et de plus en plus, l'admiration du Spectateur qui *sait voir*.

Si, avec la meilleure volonté du monde, je n'ai pu assister plus de cinquante fois à la messe nocturne de Noël, — dès mon enfance, depuis trente années surtout, — à mon hon-

neur et à ma joie douloureuse, — mon front s'est incliné plus de
400 fois devant le SÉPULCRE ; et, grâce à l'indomptable obligeance du respectable curé de St.-Etienne, M. Jamin, que
j'ai fatiguée souvent, sans parvenir à la lasser jamais, il me fut
donné de pénétrer, à vingt reprises différentes, dans l'intérieur
de la Crypte, examinant, observant, *pendant des heures en-
tières*, jusqu'aux moindres détails d'anatomie, d'expressions
physiologiques, de costume ou d'ornement ; à ce point que
l'excellent Pasteur me dit un jour, avec une affectueuse et
quasi maligne bonhomie : « Ah ! çà j'espère, ami, que *vous
saurez votre Sépulcre par cœur !* » — « Oui ! M. le Curé ; je
le souhaite et j'y vise. » Quand donc je proteste, de toute ma
force, contre l'inqualifiable attentat dont se trouve menacé
un monument *qu'aucun autre n'efface*, SANCTIUS, AT NULLUM
PULCHRIUS, que j'ai tant et si souvent *médité*, on peut croire à
la sincérité comme au désintéressement de mes convictions.

Cet incomparable ouvrage mérite d'autant plus d'égards et
de respects, qu'il résume en lui seul les grandes qualités de
toutes les merveilles, anéanties ou debout, qu'enfanta son
vaillant Créateur, à la fois si original et si fécond.

Qu'il exprime l'horreur, la tristesse ou la joie ;
Aux faméliques vers qu'il arrache leur proie,
Pour nous dicter de haut un grave enseignement ;
Qu'en la pierre il cisèle ou l'angoisse ou le calme,
    A lui toujours la palme,
Sous sa trempe toujours âme, esprit, sentiment !
. . . . . . . . . . . . . . . . . . . . . . . . . . . . . . . . . .

O vous tous qui, séduits par de célestes charmes,
En face du SÉPULCRE avez versé des larmes,
Jamais subîtes-vous plus invincible attrait ?
Passants, à Saint-Michel vous retrouvez Solyme,
    Et la Vierge sublime,
Et du Juste immolé le suave portrait.
. . . . . . . . . . . . . . . . . . . . . . . . . . . . . . . . . .

C'est qu'il avait compris et l'art et la nature,
Ce Lorrain qui chez nous raviva la sculpture :

De son mâle talent, son cœur, guide et soutien,
Lui savait révéler, en l'arrachant aux fables,
        Des secrets ineffables,
Et l'Artiste fut grand par la foi du Chrétien.
. . . . . . . . . . . . . . . . . . . . . . . . . . . . . . . . . . . . . .

Dans les cœurs chancelants qu'ébranlait l'Hérésie,
De son chaste ciseau l'austère poésie
Affermit la croyance au dogme combattu ;
Ainsi que du Sauveur, offert à nos hommages,
        De ses pures *images*
Vers toute âme qui souffre émane une vertu.
. . . . . . . . . . . . . . . . . . . . . . . . . . . . . . . . . . . . . .

Aux outrages du Temps, ce destructeur avide,
Faut-il que l'homme aussi joigne un bras déicide ! !
Grâce pour les enfants d'un père qui n'est plus !
. . . . . . . . . . . . . . . . . . . . . . . . . . . . . . . . . . . . . .

Dieu règne... et, grâce à lui, dans le siècle où nous sommes,
Du *beau* le noble amour renaît au cœur des hommes.
Pour la pierre ou le bois il n'est plus de bourreau ;
Et le Néant a dit, las d'outrager la Vie :
        « Ma rage est assouvie ;
» C'est assez !... je remets le glaive en son fourreau. »
. . . . . . . . . . . . . . . . . . . . . . . . . . . . . . . . . . . . . .

Puis donc qu'elle a sonné sur la foule indolente,
Cette heure de justice, à notre gré si lente,
Soulève, ô mon Richier, le voile de ton deuil !
Et, pour nous contempler aux pieds de tes statues,
        Frémissantes, émues,
Du temple où tu prias franchis encor le seuil !


IV.


Mais si, à cette ardente évocation d'une Muse amie, le grand
homme, l'*Ange exilé*, apparaissant en face de son SÉPULCRE, y
voyait groupés, la pince en main, les Pygmées fanfarons dont

le bras invalide s'apprête à le soulever, pour l'ôter de là et le traîner je ne sais où, est-ce que, dans son indignation, il ne les terrasserait pas d'un coup d'aîle, comme la colombe courroucée, qui repousse loin de son nid les oiseaux ravisseurs et parasites ?

*Défaire*, pour la *refaire*, l'œuvre grandiose si divinement *faite*, de prime-saut, par maître Ligier Richier, quelle modeste tentative ! Ce ne serait pas trop d'un prix-Monthyon à part pour récompenser dignement les inventeurs d'un semblable tour de force. — Mais au *veto* moral que leur inflige la pensée même de ce palpitant poème de pierre, son assemblage matériel leur oppose, de par la ferme volonté de l'Auteur, un autre *veto* non moins infranchissable.

Commandé par les nécessités de l'emplacement exigu mis à sa disposition, Ligier, *sans perdre un pouce de terrain*, a supputé d'avance, avec une précision géométrique, l'espace que devaient rigoureusement occuper et ses groupes principaux, et ses personnages, plus ou moins isolés à raison de la nature de leurs fonctions respectives ; puis, dans son atelier, par une sorte de triangulation préparatoire, il a combiné avec ses modèles en argile, l'étendue relativement nécessaire à chacune des parties, et strictement indispensable au tout ; et, sur ces modèles, en praticien *expert*, il a coupé, taillé et ajusté ses massses, de telle façon que, rapprochées *d'équerre* par la base, elles se prêtassent un mutuel appui, d'où résulterait infailliblement la consolidation de l'ensemble. Vous en doutez ? faites comme moi ; et si la verdâtre poussière ne vous effraie point trop, glissez-vous en couleuvre ou rampez *à quatre*, — le bon roi Henri n'en rougissait pas devant un ambassadeur,— entre les individus et les groupes ; et vous reconnaîtrez, en y regardant de près, la *suture* et la *juxta-position* des morceaux, dissimulées au dehors avec une si ingénieuse adresse, que ce sol factice imite les abruptes rugosités du roc à produire l'illusion, en laissant croire à l'existence compacte d'*un seul et même bloc :* de là la fable populaire ; car, s'il peut y avoir du feu sans fumée, il n'y a pas de fumée sans feu. Et puis

l'inachèvement *intentionnel* et déjà signalé, dans les points in-
visibles, des acteurs secondaires tels que le Centurion et les
Gardes, et leur agencement sous les retombées de la voûte, ne
viennent-ils pas, en doublant l'énergie du *veto* matériel, vous
prouver, clair comme le jour, que Richier a composé son travail pour cet endroit-là même ? en sorte que si la Chapelle ne
fut point faite pour le *Sépulcre*, — et je n'y tiens pas ! — le
*Sépulcre* a été fait pour la Chapelle, ce qui me paraît être, en
résultat, à peu près la même chose : *unum et idem.*

A quelles extrémités ne vous condamnez-vous pas folle-
ment et de gaîté de cœur, en désunissant, à votre fantaisie,
ce qu'a si laborieusement uni la patiente et forte pensée du
courageux Artiste ? Ni plus ni moins, — je l'ai dit déjà à l'occasion de la pierre sépulcrale, — ni plus ni moins qu'à le *cor-
riger, le modifier* et le *compléter* ; à finir, de votre main hardie et sacrilége, ce que, de propos délibéré, il n'acheva point
de la sienne, si sage pourtant, si intelligente et si habile ! à
suppléer, sans rime ni raison, aux réticences calculées de son
ciseau ; à faire, en un mot, ce qu'il n'a point fait, ce qu'il n'a
pas voulu faire ! Où allez-vous, de ce train ? et quelle inouïe
responsabilité n'encourez-vous pas ? Mais c'est un crime de
lèse-génie, de lèse-foi et de lèse-peuple ! une profanation au
premier chef ! *Arrière* donc vous-mêmes, qui criez si fière-
ment *arrière* aux autres ! Osa, Osa, ne touchez pas à l'Arche
sainte ! l'Arche sainte repousse votre imprudent appui ; et,
par tendresse ou pitié pour votre renommée, ne vous livrez pas
ainsi tout vif aux malédictions de la Postérité, qui déjà vous
enlacent ?

Je ne m'attacherai pas à réfuter ici *la conjecture*, prétendue
*la plus naturelle*, par laquelle, — selon M. Dumont, qui in-
vente *une peste* pour lui venir en aide (5), — Ligier Richier serait mort « *sans avoir trouvé à utiliser* cette OEUVRE CAPITALE,
*délaissée* sans acquéreur ou *méconnue*, et donnée ou vendue
par lui ou les siens à sa ville natale, qui l'aura placée *où elle
aura pu !* etc...» — M. Jules Collignon, dans son intéressante
brochure, a fait, en la flétrissant comme elle le méritait, trop

bonne et trop complète justice de cette ridicule hypothèse, pour que j'insiste davantage. Je me bornerai à dire qu'elle est une injure, un outrage à la mémoire du Sculpteur, de sa famille et de ses contemporains. Conçoit-on Richier, sa veuve, ou Me Gérard, leur fils, vendant ou donnant son œuvre, — et quelle œuvre ! — sans même s'enquérir ou s'inquiéter du sort qu'on lui réserve, ni de la place qui lui sera assignée ! et sa ville natale la jetant, cette œuvre sublime, comme un embarras, LA OU ELLE PEUT ? *va comme je te pousse !* En vérité, c'est à révolter le bon sens et la raison ; c'est à confondre les plus nobles instincts ! Est-ce que trois siècles de distance donneraient le droit de calomnier les gens au par delà, parce qu'ils ne sauraient plus se défendre eux-mêmes ? — Je ne connaissais pas cette sorte de prescription !

Au prétendu *enfouissement* du *Sépulcre*, parodié en calembourg, on objecte la pose beaucoup plus avantageuse du remarquable groupe de *Notre-Dame-de-Pitié*, érigé sur un autel, au chevet du chœur de l'ancienne église abbatiale. D'abord, ce n'est pas Richier qui l'a placé là, ce groupe ; ensuite, l'objection tombe devant l'histoire du monument dont il faisait partie dans l'origine : c'était un Calvaire, disposé sur *une éminence* en façon de rocher, sans doute, au sommet duquel la Vierge était représentée s'évanouissant au pied même de la Croix où expirait son Fils ; ici, nous sommes dans *l'intérieur de la grotte* taillée par Joseph d'Arimathie. Donc point d'analogie dans les situations, ni dans les aspects.

Donc, à tous les points de vue, sous tous les rapports, et jusque dans l'appareil de sa construction comme masse, le *Sépulcre* s'affirme et se proclame hautement *inviolable ;* et cette inviolabilité, qui, je l'espère, ne sera plus mise en question, commande impérieusement l'abstention la plus absolue. A défaut de nos énergiques protestations, ces pierres vivantes, justifiant la parole du Sauveur qu'elles glorifient, crieraient d'elles-mêmes vengeance : *Et si hi tacuerint,* LAPIDES *clamabunt !*

En admettant, Messieurs les Novateurs, contre toute vraisemblance, qu'au mépris de si puissants motifs la Fabrique de Saint-Etienne méconnût ses devoirs jusqu'à condescendre à votre dangereux caprice, le Sépulcre, une fois tiré, plus ou moins intact, à force de cabestans, de son « humide caveau, » de son « emplacement détestable, » où le dresseriez-vous ailleurs ?

L'obstination même de votre silence à cet égard m'en suggère l'interprétation.

Un point indubitable et tout à fait hors de cause, c'est que vous ne pouvez sérieusement songer à lui choisir un lieu plus vaste dans aucun des autres *entre-colonnements* collatéraux ; car, comme ils ont tous la même largeur symétrique, vous ne gagneriez pas dès lors à cette substitution l'épaisseur d'un doigt en espace.

Pas davantage dans telle ou telle des antiques et étroites chapelles qui flanquent le clocher moderne, où sont disposés les confessionnaux, et dont la destination spéciale n'en comporte pas une autre ; sans compter, genre d'obstacle à part, les contrariétés et les faux effets de lumière.

Comme je ne saurais vous supposer l'idée d'ériger le Sépulcre au milieu de la grande nef, le moins inacceptable des projets qu'il me soit loisible de vous prêter, c'en serait le transport derrière le maître-autel, au dessous et en avant du beau retable de pierre blanche, dont on a restauré depuis peu la triple galerie à coupoles, mutilée en 95, et si longtemps veuve de ses statues et de ses élégantes colonnettes d'autrefois.

Impossible encore, Messieurs, radicalement impossible ! Car, 1° : au détriment du service liturgique, qui doit bien, ce me semble, compter ici pour quelque chose, vous seriez « dans la nécessité, » — le mot est de vous, — de sacrifier à la réalisation de ce plan un grand tiers, sinon la moitié du chœur actuel qui, j'en atteste le Pasteur et le troupeau, ne pèche déjà pas par l'excès de profondeur ; — 2° vous masqueriez l'aspect principal de ce gigantesque reliquaire où, avant les spoliations républicaines et terroristes, de riches châsses, disposées au dessus d'un autel central, gardaient les restes vénérés des Martyrs dont les expressives images en décoraient les niches et les saillies en encorbellement. Or, de quel droit dérober à l'œil un monument ainsi *étagé*, « fait évidemment, » selon vos

propres expressions, ici du moins bien appliquées, « pour
être vu ? » — 5° Ce pittoresque échantillon des fantaisies ar-
chitectoniques de la *Renaissance* est frère du *Sépulcre ;* je ne
suis pas embarrassé de le démontrer un jour. Par l'encadre-
ment ornemental en style composite de son petit *Calvaire* de
Hattonchâtel (6), daté de 1523, dont j'ai le premier *constaté*,
il y a vingt-cinq ans, l'authenticité, Ligier, dès ses débuts en
Lorraine, après son retour de la Ville de Léon X, n'avait-il pas
prouvé à ses compatriotes qu'en vrai disciple de Michel-Ange,
à la sculpture et à la peinture, ces deux sœurs jumelles, il savait unir les grâces de l'architecture, leur mère commune,
qu'elles embellissent en se parant elles-mêmes de sa majesté ?
Quoi de plus facile pour lui dès lors, — s'il l'eût rationnellement jugé praticable, — que de combiner sa *mise au tombeau*
avec les étages gradués de son imposant reliquaire ? Mais, —
ainsi que je l'ai fait remarquer plus haut,—fidèle aux traditions
de la plastique chrétienne, il a, dans son goût exquis, préféré
et dû préférer, à cet excès de lumière, inconciliable avec les
naturelles exigences d'une scène lugubre et mystérieuse, ac-
complie le soir, à la tombée de la nuit, *cùm jàm serò esset*, le
demi-jour, la demi-obscurité, le clair-obscur, enfin, d'une
crypte latérale assombrie. Point d'autre moyen donc de réfor-
mer l'OEuvre, et c'est fâcheux pour votre plan, que d'aller
directement au rebours de l'idée-mère de l'Ouvrier.

L'impossibilité morale et matérielle d'assigner au Sépulcre
un emplacement plus avantageux, dans l'enceinte même de la
basilique, est d'avance si manifeste pour tous, qu'après l'avoir
*sorti* de la chapelle, vous vous déclareriez, séance tenante et
sans désemparer, dans la stricte obligation de le *sortir* du
temple. Y sommes-nous, enfin ?... Ainsi se révèle et s'explique ce projet vandale de *sécularisation*, naguère éventé et
vertement stigmatisé dans l'Espérance, dont la bonne foi s'é-
tait tout d'abord un instant laissé surprendre par les amorces
d'un doucereux article, destiné à étouffer la discussion sous
le boisseau.

*Sécularisation* du Sépulcre ! Prenez-y garde !... Voudriez-
vous descendre au dessous de ce fougueux Représentant, aux
*gants jaunes* quelque peu *rougis*, à qui, — j'aime à rencon-

trer parfois un rayon de miel dans la mâchoire du lion ou du tigre, — vous attribuez l'honneur de s'en être, un des premiers, aux heures de crise, constitué le *protecteur officiel ?* Avez-vous bien réfléchi aux impressions d'un pareil acte sur l'Opinion publique, laquelle, d'après une parole auguste, finit toujours par remporter la dernière victoire ?

Ce monument trois fois séculaire, légué par un artiste chrétien à la piété de ses compatriotes, empreint de la double consécration de la foi et du génie, transformé tout-à-coup en objet de montre curieuse et de vaine ostentation archéologique ! Le Christ, divisé par moitié, — ici le torse, là les pieds, — traîné en camion, avec sa divine Mère évanouie et tous ces émouvants acteurs du drame, à travers les rues de la ville, sous les regards inquiets d'une population consternée.... quel spectacle ! Nouvelle Passion sur une autre voie douloureuse !...

Mais, grâce à Dieu, les hontes d'un tel scandale nous seront épargnées, à nous comme à nos enfants. Vous ne séculariserez rien ; à l'égard d'une création monumentale et religieuse, unique en son genre, non moins inaliénable en droit qu'en morale, la confiscation par la sécularisation ne vous est pas plus permise que l'*annexion* par la confiscation ; et le Sanctum christi Sepulcrum, préservé de vos atteintes, gardera à jamais son poste d'honneur et d'origine.

Du reste, la délégation officielle récemment ordonnée par M. le comte Walewski, ministre d'Etat, homme de sens et de goût s'il en fût, en vertu de laquelle M. l'Inspecteur-général des Beaux-Arts devra procéder sur place à une enquête préalable, nous rassurerait complètement ; si tant était que nous eussions besoin d'être rassurés.

V.

Despréaux a dit :

> Soyez plutôt *maçon*, si c'est votre talent,
> Ouvrier estimé dans un art nécessaire,
> Qu'écrivain du commun ou poète vulgaire !

De peur qu'on ne m'inflige la dernière partie de cette pro-

verbiale sentence, je me réfugie en toute hâte dans la première,
trop heureux si, par cet humble côté du moins, j'échappe à la
censure : en tout cas, il me rapprochera des débuts de mon
Héros qui,—j'inclinerais à le croire,—descendait d'un de ces
pieux *maçons-imagiers*, dont l'inexpert et naïf ciseau préluda
aux doctes merveilles de la *Renaissance*. Armons-nous donc
un instant du mètre, du pic, de l'équerre et de la tranche ; du
ciseau même au besoin ! Peut-être aurons-nous quelque chance
de réussite.

S'il n'existe pas l'ombre de motif de déplacer le Monument
de Saint-Mihiel, si tout au contraire invite et oblige à le
maintenir toujours là, est-ce à dire qu'il n'y ait rien à faire à
son endroit ? Assurément non !

La question de déplacement, désormais jugée, redevient une
simple question d'*assainissement*. En ce point plus de divi-
sion, l'accord est général, unanime. Il importe donc, et au plus
tôt, d'*assainir* la Chapelle, pour *préserver* et *conserver* le Chef-
d'œuvre qu'elle abrite depuis la seconde moitié du 16e siècle.
Pas d'autre moyen de l'assainir que de supprimer la cause de
l'humidité : *sublatá causá, tollitur effectus*. Or, cette cause
consistant, de l'avis de tous, dans la surélévation successive
des terrains adjacents, durant une période de trois cents ans
et plus, il s'ensuit que l'infaillible remède au mal signalé, c'est
tout bonnement de ramener le sol, qui entoure le monument,
à son niveau primitif. Quoi de plus facile et de moins coûteux
à la fois ? *Quatre maçons et un entrepreneur,* assistés, au besoin, d'un architecte, suffiront largement à la besogne ; et cette
besogne, la voici tracée en quelques lignes :

1° Acheter, sur une longueur suffisante, une assez mince
portion du jardin qui longe au dehors le chemin du pour-
tour, qu'il y faudra reporter en partie, en décrivant une
courbe ;

2° Pratiquer, au pied des trois côtés extérieurs de la Chapelle, y compris la base des arcs-boutants qui l'enferment, —
à l'instar de ce qui s'est fait aux Tuileries,— un *fossé rectan-*

*gulaire*, en moëllons piqués, de 60 à 80 centimètres d'évasement sur une profondeur d'un mètre environ, surmonté d'une grille défensive, et dont la *cuvette*, en pierre d'Euville ou de Warvinay, ira, par une pente ménagée, déverser ses eaux, à *quelques pas de là*, dans le ruisseau de Marsoupe, qui traverse, en contre-bas, la voie publique ;

3° Abaisser le sol d'une profondeur égale, *au devant du* SÉPULCRE, dans l'intérieur de l'Eglise, en sacrifiant *sans peur* à l'œuvre de Ligier, qui en vaut bien la peine, cette partie de la nef collatérale de droite, où l'on descendra, à partir insensiblement des deux extrémités, par des marches suffisamment espacées et pas trop hautes, afin qu'une procession y puisse défiler sans encombre : ouvrir, en outre, à niveau du sol, par deux percées grillagées au bas du mur, des ventilateurs communiquant, de chaque côté, avec le fossé *assainissant* de l'extérieur ;

4° Enfin, séparer, en cet endroit, la grande nef du collatéral, par une balustrade gothique, en fer ou en fonte ; et, vis-à-vis, échelonner au pied du Monument les six ou huit degrés nécessaires pour en faciliter l'accès aux visiteurs ; en avancer même un peu la grille, dans un but de dégagement, sans néanmoins y rien changer, car elle est à la fois sœur d'âge et gardienne de l'OEuvre.

Ce serait bien là, ou jamais, l'occasion de s'assurer, avec précaution, par un sondage latéral du dedans ou du dehors, s'il n'existe pas, ainsi que plusieurs le supposent avec moi, un caveau sous la *Crypte*. En ce cas, on y pratiquerait deux soupiraux qui, par l'introduction et le renouvellement continu de l'air ambiant, détermineraient au dessus une prompte dessiccation des parties humides et verdies.

Je n'affirme rien, je me trompe, peut-être ; mais, à tout évènement, la conjecture est au moins permise, — qui sait si l'Auteur du *Sépulcre*, — dont le lieu d'inhumation est resté inconnu jusqu'à ce jour, et dont ni la tombe ni l'inscription tumulaire n'ont été retrouvées nulle part, que je sache, — n'aurait pas été, de son choix ou par la volonté de ses concitoyens, qu'il avait administrés pendant six ans en qualité de premier *Gouverneur* de la Cité, pieusement déposé sous son Chef-d'œuvre, ainsi devenu le protecteur de sa cendre ; où il s'est, dit-on, représenté lui-même dans les traits accentués de l'*Ange crucigère*, et qu'il n'a pas même signé de son nom, inscrit pourtant sur d'autres monuments non moins à lui? — Quelle précieuse découverte ! j'en bénirais, des deux mains, MM. Dumont et Dauban.

Avec *quatre* ou *cinq mille francs* au plus, vous viendrez largement à bout de l'opération, qui donnera, soyez-en persuadés, les plus satisfaisants résultats. Votre souscription, dont le chiffre, déjà fort beau, témoigne bien plutôt des sympathies générales en faveur de l'Artiste mort que pour le *système* des Collecteurs vivants, s'élèvera sous peu à 20 ou 25,000 francs ; 30,000 peut-être, du moment surtout que, grâce à l'actif concours du Clergé qui, jusqu'ici, s'est tenu prudemment sur la réserve, l'Opinion publique, revenue de son émotion première et enfin rassurée, sera convaincue qu'il n'est plus du tout question de *déplacer*, de *transférer*, ni d'*arranger* à nouveau l'inviolable *arrangement* du génie. Avec le surplus, — outre le solde équitable des réparations partielles jugées *rigoureusement nécessaires*, — la ville de St.-Mihiel pourra, devançant sa jalouse rivale des bords de l'Ornain, qui guette et flaire déjà la proie, acquérir la *Maison même* de Ligier Richier, qu'on lui céderait amiablement à un prix raisonnable ; et la transformer ensuite en un MUSÉE baptisé de son nom, où, provisoirement, l'on réunirait les quelques débris du Maître, et nombre de morceaux de ses Disciples plus ou moins rapprochés. Que dites-vous de l'idée? Je suis certain qu'aucun des honorables Souscripteurs, à commencer par M. Dumont, qui s'est libéralement inscrit pour 2,000 francs, — ne contredirait à une aussi heureuse application des deniers ultérieurement disponibles.

La maison de « Maistre LIGIER, *tailleur d'images*, le plus ex-
» pert et meilleur ouvrier en dit art que l'on vit jamais, » se-

lon le précieux témoignage contemporain du pèlerin-chroni-
queur Nicolas de Châtouru, qui, en 1532, avait admiré, tant
à Saint-Mihiel qu'à Bar-le-Duc, et l'Artiste et ses OEuvres ;
mais c'est là une bonne fortune comme il ne s'en rencontre
pas deux en vingt lustres !

Après trois siècles écoulés, l'opulente cité des Médicis garde
encore avec orgueil la *camera*, la chambre où ce grand Buonarroti, son fils adoptif, qu'on appelait le *Florentin*, honoré
de la protection de ses Mécènes qu'il en récompensa dignement, conçut et rêva, avec leurs splendides tombeaux, la mystérieuse et hardie coupole qui les devait si magnifiquement
abriter ; on vous y montre la toque de velours, — j'allais dire
la couronne, — dont il ceignait sa tête chenue, blanchie sous
l'incessant labeur de la pensée ; et la longue robe, — pourquoi pas la pourpre ? puisqu'aussi bien il s'agit d'un Roi, —
dont il s'affublait négligemment dans son poudreux atelier, et
que les Touristes enthousiastes touchent et baisent avec une
respectueuse émotion.

Du *Barrisien*, son élève, nous n'avons ni le béret, ni la houp-
pelande, ni même le maillet ou le ciseau ; mais, à défaut de
ces reliques, qui ne seraient point sans prix, ne possédons-nous
pas encore la meilleure part de ses meilleurs ouvrages ? Et si,
à ce lot déjà considérable, miraculeusement échappé aux outrages du temps et à la colère, cent fois plus redoutable, des
hommes, il nous était donné d'ajouter le foyer, si riche dans
sa modestie, qu'il acquit en 1554 de ses premières économies,
à la sueur de son front, et au sein duquel, parmi les douces
joies de la famille, il médita, esquissa à la plume, modela dans
l'argile, pour les sculpter ensuite dans le bois, le marbre ou
la pierre, ses plus ravissantes conceptions, — quel bonheur
et quel honneur pour cette chère ville natale, où il faisait « sa
demourance, » et qu'il se plut à illuminer de sa gloire en l'é-
ternisant de son nom ! Quel plus noble et plus convenable emploi du fort reliquat d'une souscription qui, dégagée enfin des
préoccupations les plus alarmantes, ne rencontrerait partout,
désormais, à défaut d'opposants, qu'un concours unanime et
universel !

Sous ce quadruple plafond, aux caissons concaves, or-
nés d'arabesques et de pendentifs variés, sculptés et moulés
de ses doigts dont ils ont conservé l'empreinte, on *replacerait*
d'abord, après en avoir fait amiablement l'acquisition, le
curieux *manteau* de l'âtre, du Presbytère de Han, si artiste-
ment ouvré en draperie damassée et frangée ; étonnant
*trompe-l'œil*, où se révèle d'emblée, au jeu de la main, la pro-
fonde science du Maître : *ex ungue leonem*. Pour stimuler le
zèle des possesseurs de statuettes ou de bas-reliefs de son
école, qui abondent dans le pays, j'y porterais, j'y déposerais
moi-même, avec empressement, un exemplaire de cette belle
tête du *Christ expirant*, sauvée en 93 d'un incendie barbare,
et qu'avec l'agrément de son détenteur, nous fîmes mouler en
1838-39, mon Père et moi, sur l'original en bois peint, de-
meuré ainsi huit jours sous la vigilante tutèle de nos regards
respectueux et contemplatifs. C'est le chef-d'œuvre des chefs-
d'œuvre de Ligier.

On traduirait ici la bonne pensée en une bonne action en
confiant, de préférence, la garde du Musée Richier, soit à quelque honnête Vétéran de l'Art, natif de Saint-Mihiel même ou
de l'ancien *Barrois ;* soit, faute d'artiste, à un brave Légion-
naire indigène ; auxquels, sans importunité comme sans taxe
aucune, il serait naturellement permis de recevoir, en indem-
nité de leurs soins, la libre obole du Visiteur.


## VI.


J'ai prononcé le mot de *réparations*, formulé, du reste, en
quatrième ordre, au début de cette polémique. *Réparations !*
c'est chose grave, quand on ne s'appelle pas *Ligier Richier*
et qu'il s'agit d'aborder, le ciseau et le maillet en mains, une
œuvre aussi hors de ligne ; et n'est-ce point le cas, sous la
trop légitime appréhension des risques et périls, de s'écrier
avec le Poète latin : *Incedo per ignes ?*

Ce n'est pas, en effet, une médiocre affaire ni une mince
responsabilité, que d'oser *réparer* un tel morceau ; il faudrait

au malade un médecin de sa taille et de son tempérament.
Toutefois, n'exagérons rien : les restaurations accessoires dont
le *Sépulcre* a été l'objet dans le cours de trois siècles, qu'il
traversa *presque intact,* sont-elles réellement aussi *malheu-
reuses* qu'on se l'imagine et qu'on le public ? Nous l'allons
voir.

Peu de temps avant ou après la première Révolution, un
sculpteur Saint-Mihiellois, qui, lui aussi, avait visité Rome, et
dont M. Dumont ne dit mot, Claude-François Mangeot, — auteur du fronton en bas relief de l'aile centrale des *Casernes,*
signé de son nom, et de l'assez bon *Christ au tombeau* qu'on
aperçoit au fond de la grotte *calvarienne,* taillée à vif dans le
cœur de la première des *sept Falaises,*—refit,— je le tiens de
feu M. Marchand, avocat, et de mon aïeul maternel,—la *main
droite* de la sainte Femme qui soutient la Vierge : or, cette
main, un peu trop potelée, peut-être, n'est point du tout mau-
vaise. J'ignore ce qu'essaya, depuis, M. Caumont, de Sorcy ;
pas grand chose, apparemment : en tout cas, bien qu'artiste
fort médiocre, il était trop honnête homme et homme trop
sensé, — je l'ai connu, — pour se permettre un crime de
lèse-Richier en plein *Sépulcre.*

En 1858, le statuaire parisien Joseph Brun, *ex-pensionnaire
du Roi à l'Ecole française de Rome,* a exécuté, aux frais de
l'Etat, les dernières restaurations connues ; et je sais des per-
sonnes honorables qui attesteraient qu'il n'y procéda pas tout
à fait *à la légère,* et qu'il s'en tira beaucoup mieux qu'à
Hattonchâtel. Aucun accident *sérieux* ne paraît être, depuis
lors, survenu à l'intérieur du Monument. Il s'agit donc d'apprécier en lui-même aujourd'hui le travail de Brun, approuvé
et *reçu* en son temps par le Conseil municipal d'alors, si j'ai
bonne mémoire ; de s'assurer si, *à la rigueur,* il peut être
conservé tel, ou s'il est *urgent* de le recommencer en tout
ou en partie.

La plus délicate et la moins facile de ces réparations consis-
tait dans cette *pièce de rapport* ajustée, en clé transversale, au
milieu du *fémur* gauche du Christ, un peu aminci, paraît-il.

Doit-on, crainte de pis, la laisser *in statu quo?* Il n'appartient qu'à un *Artiste* compétent d'en décider.

S'il est possible d'enlever, sans inconvénient, le *contrefort* en draperie adapté sous la cuisse droite, — qu'on l'ôte ; ou bien, dans le cas contraire, qu'on y supplée par un étai de fer vertical, adroitement dissimulé : alors, conformément à la pensée de Ligier, les beaux pieds nus de la *Mère défaillante* seront rendus à l'œil des Connaisseurs en même temps qu'à la vénération des Fidèles.

Moins ouverte et moins expressive que l'ancienne, qu'on avait moulée en plomb, et dont Brun s'inspira, puisqu'il l'emporta à Paris, la *main droite* de la Madeleine, quoique bien sculptée et pas trop mal réussie, pourrait être remplacée avantageusement, *si toutefois quelqu'un s'en charge.*

Bien qu'elle offre moins de simplicité et d'ampleur dans les plis de la robe que ne lui en avait originairement donné l'inimitable ciseau de l'*Imagier*, la partie inférieure de la statue de sainte Véronique me semble devoir être maintenue. Le *soulier*, qui offusque ici M. Dauban, existait dans le bloc primitif, car *je l'ai vu* ; et c'est une des preuves que le Réparateur, qui avait dessiné le morceau infirme avant de le remplacer, apporta un brin de conscience dans l'accomplissement de sa difficile tâche : justice à tous, surtout aux absents ! Mais il eut le tort, croyant bien faire, de rendre quelques épines à l'admirable couronne si ingénieusement fouillée ; épines sans doute omises ou émoussées à dessein par Ligier lui-même, afin de mieux exprimer le froissement des branches, entrelacées avec tant d'art, qu'elles jouent et défient la nature. C'est là, au surplus, un détail d'assez minime importance et qui ne mérite pas qu'on s'y arrête.

Il n'y a rien à dire de la consolidation de l'Ange, sinon qu'il est aisé et qu'il sera bon de restituer à la traverse de sa croix ce que le *Restaurateur* s'est permis d'en retrancher.

Le visage, jadis un peu mutilé, du Centurion, a été *réhabilité* aussi bien que possible ; quant aux deux *bouts de nez* des soldats accroupis, M. Dumont y tient trop pour qu'on y touche, et je les lui laisse, dût-il, à son tour, se résigner à

« n'en voir jamais davantage. » Seulement, — et c'est de toutes les réparations la plus facile, — on n'oubliera pas d'in-
sérer une *poignée à tête d'aigle* dans la *garde* du glaive,
afin d'éviter à celui-ci le désagrément d'être de nouveau
confondu, dans l'avenir, avec le *tronçon* d'un *manche* ou
*hampe de lance :* signe hiérarchique du grade ou du rang, les
armes aussi avaient leur noblesse et leur cachet de distinction :
rappelons-nous que les Preux juraient par la *croix* et le *pommeau* de leur épée.

On sauverait désormais les *fouëts* de la Flagellation d'une
méprise analogue, en y ajustant, avec intelligence, des
*lanières* en fort cuir, peint dans la teinte de la pierre em-
ployée ; il ne serait pas invraisemblable qu'à raison des diffi-
cultés matérielles d'exécution et des risques de la chose,
Richier, imitant en cela plus d'un de ses collègues, eût eu re-
cours à cet innocent stratagème, qui rentre dans les *rubri-
ques* du métier. Ou peut-être n'en mît-il point, pour mieux
donner à entendre, par cette suppression calculée, que les
courroies déicides s'étaient rompues, à force de coups, sur le
corps de l'innocente Victime. On sait d'ailleurs que si, dans le
plomb, le bronze, l'or ou l'argent, la fusibilité du métal per-
met à l'Artiste une fidèle reproduction des détails les plus mi-
nutieux et les plus délicats, il n'en est plus ainsi du marbre et
de la pierre, qui se taillent, *à vif*, en plein relief, et dont les
parties accessoires *détachées* ne sauraient dès lors, sans danger de bris, dépasser une longueur assez restreinte. De là,
dans les statues antiques de Diane, d'Apollon ou des Centau-
res, la simple indication de l'Arc par le segment central dont
se trouve armée leur main gauche tendue, qui s'y appuie.

Il y a une vingtaine d'années, j'ai vu, à Ligny (Meuse), chez
M. Marchal de Champal, un beau dessin héréditaire du Sépulcre de Saint-Mihiel, sur parchemin vélin, à l'encre de Chine ou
*sépia.* L'expression générale m'en a paru à la fois bonne et
fidèle. Enfermé dans un cadre doré, du temps de Louis XIV,
aux angles duquel se trouvent sculptés en relief les emblêmes
de la Passion, — la couronne d'épines, les trois clous, la lance
déicide et l'éponge, le marteau et les tenailles, — ce dessin,

très-fini dans ses proportions réduites, et dont la touche légère révèlerait une main de femme, n'a guères moins de deux siècles. Je n'en connais pas de plus ancien. Certaines physionomies, notamment celles du Christ, de Nicodème, de l'Ange et de Salomé, ont été parfaitement saisies et rendues. A raison de son intégrité parfaite et de sa date, plus rapprochée de Ligier Richier, il pourrait être, en cas d'urgence constatée de réparations partielles, consulté avec fruit par le Sculpteur qui serait chargé de les effectuer, surtout pour la main droite de la Madeleine, alors intacte. Il suppléerait, faute de mieux, à la regrettable absence de la grande estompe de Nicolas Saunois, qui se voyait encore à Verdun sur la fin du premier Empire, et qu'un Argus de bureaux pourrait bien, sous le second, retrouver enfoui dans les cartons de quelque Ministère. — Le distique latin, inscrit au dessus du dessin de Ligny, et qui est ainsi formulé :

SISTE, VIATOR, ET HOC CHRISTI MIRARE SEPVLCRVM :

SANCTIVS AT NVLLVM PVLCHRIVS ORBIS HABET,

diffère un peu, dans le premier hémistiche, de la leçon moderne.

Cette variante prouve, en tout cas, indirectement, que l'exécution de cette charmante et précieuse copie, qui semble être elle-même un original, est antérieure aux notices de l'Abbé de Senones, de Dom de l'Isle et de Chévrier, lesquelles, au lieu de : SISTE, VIATOR ! — portent : QUISQUIS ADES, SANCTUM (devenu *illud*), etc...

Quelle ressource, autrement efficace, n'offrirait pas en outre, au Restaurateur intelligent, la ravissante maquette en terre cuite, — idée-mère de l'OEuvre, — qu'on appelait jadis à Saint-Mihiel le *Petit-Sépulcre ;* qui, avant les jours mauvais, se gardait comme une relique dans la niche en accolade voisine du *Grand,* et dont, hélas ! il ne reste plus que la *Vierge évanouie, soutenue par St Jean,* fort heureusement encore en la possession d'un amateur distingué (*), trop dévoué, croyons-nous, à la patrie de Ligier comme à ses créations,

---

(*) M. Tourtal, auteur d'une assez exacte reproduction en lithographie de notre admirable tête du *Christ expirant.*

pour l'en exiler jamais ! Mais, en esthétique comme en morale, il faut savoir se résigner, et faire même, au besoin, de nécessité vertu.

Pour atteindre ces fins, est-il donc besoin de convoquer à grands frais des gens du dehors, dont le coûteux déplacement et le séjour obligé finissent toujours par absorber le plus clair du budget disponible ? Ne suffit-il pas d'un Artiste expérimenté, sagace et, pardessus tout, consciencieux, qui sache, lui aussi, ou qui apprenne, s'il ne le sait point, son *Sépulcre* et son Richier *par cœur*, comme un enfant son catéchisme ; et qui dès lors respecte assez le plus imposant des travaux du Maître, pour n'en rien ôter, n'y rien ajouter, n'y opérer, en un mot, que le strict nécessaire et l'*absolument indispensable ?* Hé bien, cet homme, vous l'avez dans le pays même de Ligier Richier, dont il a suivi la noble mais ingrate et pénible carrière, en s'attachant à l'étude approfondie de ses principales compositions : en vingt années de pratique assidue, il a fait largement ses preuves et justifié les éloges de ses concitoyens. Certes, il ne se livrera à aucune opération téméraire, celui-là ! Et puis son désintéressement fût-il jamais mis en doute ? — Mon honorable Adversaire le connaît tout comme moi, il sait sa valeur, désormais incontestée ; et, bien que M. Dumont m'ait forcé de le combattre à outrance, — c'était, dans l'intérêt de l'OEuvre et de l'Auteur, mon droit et mon devoir, — je crois assez à sa loyauté, néanmoins, pour être d'avance convaincu, et je le dis sans le moindre esprit de réclame, qu'au cas où cela dépendrait de son initiative, il ne repousserait point les utiles services du Statuaire que je lui signale. Aussi, n'est-ce pas à lui que je dirais : « Cherchez et vous trouverez ! »

Rien donc de *plus facile* et, je le répète à dessein, de *moins coûteux*, que de rendre, — à la merveilleuse épopée dont le libéral génie de Richier gratifia sa ville natale, — sa physionomie vraie, son aspect naturel et sa splendeur d'autrefois, sans le moindre déplacement ; — en protestant, au contraire, contre toute idée d'exhibition nouvelle !

Qu'on expose aux splendeurs du jour les sujets qui le ré-

clament et ne peuvent impunément s'en passer : une Transfi-
guration, une Résurrection, une Ascension, une Assomption...
très-bien ! On ne fait, en cela, que se conformer à la logique des actions exprimées, des rôles et des convenances ;
mais ne serait-ce point la méconnaître, la souffleter en plein
visage et la fouler aux pieds, cette logique obligatoire, que
d'inonder à plaisir, de clartés indiscrètes, une lamentable scène
de deuil et d'angoisses ? Comme l'oiseau craintif qu'à l'approche de l'orage on entend gémir, blotti sous l'épaisse feuillée,
les soupirs, les larmes, les sanglots aiment le recueillement et
le mystère, dont le charme ineffable en consacre la pudeur,
en décuple l'attrait et la puissance : ils fuient la lumière, ils
redoutent l'agitation ; au vain bruit du dehors comme à l'é-
clat des traîtres rayons, ils préfèrent le silence et la pénombre. Qu'y produirait le soleil, ailleurs si vivifiant, sinon la pa-
rodie des saintetés de la tristesse, en faisant rire ou grimacer
la douleur ?

Devant le respect de ce grand principe, disparaîtront, désormais, toutes les causes d'acrimonie, de conflits et d'erreurs ; et tous ensemble, Guelfes et Gibelins, Armagnacs et
Bourguignons, Rose blanche et Rose rouge, Sceptiques et
Croyants, agenouillés, assis ou debout en face du *Sépulcre*, nous
scellerons notre paix du sceau de notre commune admiration !

J'ai dit. N'entends-je pas murmurer à mon oreille, en façon de conseil ou d'épigramme, par un honnête Classique,
qui n'a pas oublié son Boileau :

Qui ne sait se borner ne sut jamais écrire.

Il va même, l'excellent homme, jusqu'à me scander ce
charmant vers de l'auteur des Géorgiques :

*Claudite jam rivos, pueri ! sat prata bibere;*

dont le sens se devine tout seul, et que, pour obéir à son pré-
cepte, je m'abstiens docilement de traduire.

Si mon expansive polémique s'est allongée au delà de mes
prévisions, et peut-être outre mesure, à qui la faute ? N'est-ce
pas à mes Contradicteurs seuls, à eux dont les allégations gra-
tuites ou téméraires et les « hardies affirmations, » *sournoise-*

*ment* concertées en vue d'accréditer, par une surprise d'opinion , chez la masse indifférente ou peu soucieuse des questions de ce genre, absorbée qu'elle est par d'autres soins, un système dès longtemps préconçu, — m'ont réduit, c'est le mot, à la plus ingrate des tâches : à prouver ce qui ne se prouve pas, à démontrer ce qui ne se démontre point, L'ÉVIDENCE? Ils disaient, ils imprimaient : *le jour, c'est la nuit !* j'ai dû établir et constater, preuves en mains, que *le jour c'est le jour.* Certes, un athée s'est bientôt écrié : « il n'y a pas de Dieu ! » que de volumes, pourtant, n'ont pas composés les plus solides esprits pour démontrer l'incontestable et manifeste existence de ce souverain Créateur des mondes, *dont les Cieux racontent la gloire !*

Hier encore, des Sculpteurs intelligents, *hommes capables* ceux-là, à qui je révélais les sinistres projets de nos *Bouleverseurs,* ne m'ont répondu que par cette exclamation indignée : « Oh ! les Barbares ! est-ce possible ? mais ils sont fous ! » fous à lier ! » Et je n'ai pas dit non.

Si donc, à mon grand regret, j'ai fatigué la patience de mes trop indulgents Lecteurs, au moins ne l'aurai-je pas *désolée ;* et, dans leur justice, sur laquelle je compte, ils renverront à qui de droit la responsabilité de cet involontaire ennui.

Et puis il me restera, à titre de récompense la plus douce, sinon la plus méritée, l'insigne honneur et la noble satisfaction d'avoir, *barrant le passage* aux envahisseurs sur le seuil même du *Sépulcre* menacé, — contribué, pour mon humble part et dans la faible proportion de mes forces, à sauver d'une *inévitable ruine* le plus beau titre de mon illustre compatriote à la gloire, en lui épargnant, pour parler le langage usurpé par les aveugles Profanateurs de son génie, *le plus irréparable* des malheurs (7).

Ainsi, en résumé, à cette demande : « Qu'est-ce que le SÉPULCRE de St-Mihiel ? » MM. Dauban et Dumont, pour motiver l'audace de leurs plans de réforme, répondent sans broncher, ensemble et de concert :

« Un PÊLE-MÊLE MALHEUREUX dans un ABOMINABLE TROU. »

On connait ma réponse, à moi : pour suppléer à ce qui lui manque et faire ressortir le peu qu'elle a de bon, — à l'exemple de Ligier Richier, qui pouvait, lui du moins, se passer de contraste, — j'y accole, j'y stéréotype celle de ces Messieurs, en guise de *repoussoir*.

« Natif, » comme lui, « de la bonne ville de St.-Mihiel, » mon berceau toucha presque à son lit de mort. En défendant vigoureusement, — pauvre aiglon dont le nid fut soudé à son aire, — sa mémoire et son œuvre, *unguibus et rostro*, ne combattais-je pas dès lors, en quelque sorte, pour mes autels et mes foyers, *pro aris et focis?* En faudrait-il davantage pour légitimer mon entrée en champ-clos et mon ardeur dans la lutte?

Avant de m'écrier, de guerre las, avec le vaillant athlète de Virgile : *Hìc cestus artemque repono !* ai-je besoin d'affirmer que mon dévouement passionné à la renommée de notre grand Statuaire était, pour tous ceux dont j'ai l'avantage d'être connu, une garantie certaine de ma prompte et franche adhésion à tout projet sérieux, susceptible ou capable, — au lieu de l'amoindrir, — de la rehausser et de l'étendre?

En attendant la prochaine publication, avec gravures, jusqu'ici retardée par mille obstacles, de ma complète Monographie artistique, sous ce titre : *Le dernier Tailleur d'images*, ou Ligier Richier, *sa vie, ses œuvres, son école*, — je n'ai point dû hésiter à prendre en main son *imperdable* cause.

Fort de ma loyauté, j'ai la conscience d'avoir atteint mon but, et justifié, de mon mieux, l'en-tête de ce travail; au Polémiste convaincu, et sûr à l'avance d'être compris des vraies gens *de bonne foi*, qu'il soit donc permis de répéter une fois encore, dans toute l'énergie de son âme :

Point de déplacement ! — Respect au Sépulcre !

# NOTES.

## (1)

Après la *lance* pourfendante de M. Dauban, vient la *baïonnette* de M. Dumont ; c'est, comme on voit, un arsenal au complet, qui ne laisse pas d'avoir son mérite, surtout si nous y ajoutons ces *bâtons ou manches* de fouet, dépourvus de lanières, que le *savant Historien* semble prendre pour des *baguettes de tambour*. Qui sait ? les gentils soldats les ont peut-être sans façon repassées à l'Ange, ces baguettes, pour se livrer plus commodément à leur jeu ?

Ne suis-je pas trop exigeant ? — Quand, en fait de traduction latino-française, on prend des CLOCHES pour des CAMPAGNARDS, *Campanis !* (adroit qui ne s'y tromperait !) ; et, en fait de théologie catholique, le *Purgatoire* pour l'*Enfer*, on peut bien, en fait de sculpture, — car, après tout, c'est moins fort, — confondre le *fourreau* d'un poignard avec un *manche* de lance, et les *instruments de la Flagellation* avec quelque chose *comme des baguettes de tambour*.

Entr'autres allusions désormais incontestées, j'en viens de faire une qui demande sa preuve ; cette preuve, la voici :

Au tome IIIe de sa récente *Histoire de Saint-Mihiel*, page 7, — à propos des *peintures* divisées en panneaux dont était orné le mur extérieur du cimetière attenant au monastère des Capucins de cette ville, — le *savant Historien* qui, dans son *style à lui*, désigne ingénieusement les maisons de Saint-François d'Assise sous le nom très-pittoresque, mais pas neuf, de *Capucinières*, s'exprime littéralement ainsi :

» Le principal, à titre d'avis au lecteur, représentait le
» PURGATOIRE, tout en flammes, *fourmillant* de DAMNÉS
» de toutes classes, *au milieu des quels apparaissait*, dans
» toute sa gloire, *Saint François*, tendant les bras à tous ceux
» qui avaient l'honneur de porter son habit privilégié. »

Par cette citation *textuelle* vous voyez, ami Lecteur, que je n'ai rien exagéré, puisque le docte écrivain, non content de placer sa fourmillière de DAMNÉS dans le PURGATOIRE, y fait intervenir, dans toute sa gloire, s'il vous plaît, un *saint*, le vénéré patron du Couvent. Que pensez-vous et de la théologie et du théologien ?

Je ne crois pas que, dans aucune *Capucinière*, il se soit jamais rencontré un frère-lai assez *novice* pour oser jeter en pâture, à l'hilarité du public, un pareil *imbroglio*. En tout cas, ce n'eût pas été ce bon frère *Gommelet*, le *dernier gardien* du monastère de *Saint-Mihiel*, que j'ai connu dans

mon enfance, dont feu mon Père dessina la tombe et traça
l'épitaphe, que M. Dumont lui-même daigne honorer d'un
bienveillant souvenir dans son Histoire, et qui n'était pas
moins remarquable par son *esprit naturel* et son *sens exquis*,
que par son *obligeance* dans les bureaux de la Poste.

(2)

La devise, mentionnée, de l'Auteur de *Françoise de Ri-
mini, Mes Prisons, les Devoirs des Hommes,* — CREDO, SPERO,
AMO, — forme l'empreinte du cachet de deux lettres autogra-
phes qui me furent adressées de Turin, — où il s'éteignit bi-
bliothécaire de la noble comtesse de Barrolle, — par l'illustre
Proscrit, enfin *libéré,* et dont la première et la plus explicite,
datée du 28 juin 1856, est un sympathique et beaucoup trop flat-
teur remerciement, en très-bon français, de l'envoi d'un petit
poëme manuscrit spontanément composé sur la *Vêture* de sa
jeune sœur MARIA ANGIOLA, morte, pendant sa captivité, victime du plus sublime dévouement à la délivrance de son infortuné frère.

La *Sentinelle des Alpes* du 26 mars annonçait que, le 2e
dimanche de juin 1863, un monument à la mémoire de SILVIO
PELLICO serait inauguré à Saluces, sa patrie. Elle a sonné
cette heure réparatrice ! Puisse le Statuaire italien chargé de
reproduire dans le bronze ou dans le marbre cette douce et
poétique figure de Croyant résigné, — qui, ne tenant au sol
que par la plante des pieds, touchait au Ciel par la contem-
plative fixité du regard,—s'être inspiré de ce sentiment si profondément religieux qu'on voit éclater dans toutes les œuvres
de LIGIER RICHIER; et que frappent d'ostracisme chez ses admirateurs les soi-disant réformateurs de son irréformable génie !

(5)

L'église primitive de GODONÉCOURT, — devenue, après la
translation de l'abbaye bénédictine de VIEUX-MOUSTIER fondée
par le comte Wulfoad en 709, le *fanum Sancti Michaëlis,* et
par corruption ST-MIHIEL, — avait été placée par les Religieux
sous l'invocation des martyrs Ste Julitte et St Cyrique ou
Cyriac, son fils, immolés l'an 505 par les ordres du Préfet de
Dioclétien, à Tarse, en Cilicie, patrie de St Paul. Une exacte
et naïve traduction du *Martyrologe romain* nous apprend que
le pauvre enfant, « n'ayant encore que trois ans, voyant qu'on
» battait très-cruellement sa mère avec des nerfs de bœuf, *cru-*
» *dis nervis,* en présence du Président Alexandre, se mit telle-
» ment à pleurer, qu'on ne pût en aucune façon l'appaiser,
» *parquoy il fut jetté contre les degrez du Tribunal, de telle
» secousse qu'il en mourut.* » Julitte, battue de verges et li-
vrée au supplice du chevalet, fut ensuite décapitée.

Ce résumé succinct est emprunté du plus vieux, *vetustissi-
mum,* des synaxaires grecs, publié au 9e siècle, — d'après la
relation authentique, beaucoup plus ancienne et plus explicite,
de Théodore, évêque d'Iconium, où était née l'illustre et sainte

Veuve, — par l'empereur d'Orient Basile I<sup>er</sup>, *le Macédonien,*
sous le règne duquel, soit dit en passant, grâce à la générosité
des CAMPAGNARDS de Venise, Constantinople entendit, pour la
première fois, le son des CLOCHES.

Du 5<sup>e</sup> au 6<sup>e</sup> siècle, St. Amateur, évêque d'Autun, avait rap-
porté, d'Antioche dans sa Métropole, le corps de St. Cyrique,
originairement enseveli dans une grotte, avec celui de sa mère,
après leur commune immolation ; il fut transféré plus tard au
Monastère d'Elnon, en Belgique, où la reine SUZANNE, fille de
Bérenger II, roi d'Italie, décédée en l'an 1004, lui fit ériger,
au sein d'un splendide oratoire de marbre noir et blanc, une
châsse magnifique, toute d'argent et d'or, représentant sa Passion, *ejus Passionis gesta,* ciselée au repoussé, *opere anagly-
pho,* par les RICHIER de l'époque.

Or, voici en quels termes M. Dumont, lui, (*Hist. de St-Mihiel,* tome III, page 256) censure, de sa hauteur, l'adoption
du *vocable* de ce chérubin-martyr, si lâchement *assommé,* aux
pieds de son juge impitoyable, en expiation de ses larmes de
compassion pour sa mère outragée, qu'il ne pouvait, hélas !
autrement défendre :

« *Aucun document n'explique* la raison du choix de *ce pa-
» tronage d'un saint,* mort à l'âge de *trois ans,* sans ces *ver-
» tus de longue durée* qui convient les populations à se placer
» sous l'Egide de celui qui en a été capable. »

Comme si, ajoutant à l'auréole de son innocence la palme
du martyre, l'enfant en qui la *vertu native,* aidée de la
grâce du baptême, n'a pas encore été souillée par l'ivresse
des passions, était indigne de l'hommage et de l'invocation des
Chrétiens de tout âge, de tout sexe et de tout rang! Comme
si, en bonne morale, la sagesse devait ici-bas se mesurer uni-
quement à la longueur de la carrière parcourue ! Comme si
l'héroïsme était l'exclusif privilége d'une seule classe d'individus ! Comme s'il n'y avait de vertus que chez les vieillards !
Comme si une mère, contemporaine de Richier, n'eût pu,
sans scandale, aller, avec sa jeune famille, s'agenouiller devant les autels de Ste Julitte et de St Cyriac, pour la recom-
mander à la protection de ce *héros de trois ans,* victime pré-
maturée de sa rare piété filiale ! Comme si, enfin, l'Eglise
universelle avait commis un acte insensé, INEXPLICABLE,
en plaçant, au surlendemain de la naissance de l'ENFANT-DIEU,
la fête des SSts *Innocents,* à cause de lui massacrés par l'ordre du cruel et soupçonneux Hérode !

Quoi d'étonnant qu'avec une pareille philosophie, digne
de l'Auteur de la *Vie de Jésus,* on soit fatalement amené à
interdire l'appréciation de l'art chrétien, à cet *élément religieux* qu'on va traquer jusque dans le Sanctuaire, *son refuge
naturel,* pourtant, *et son plus inviolable asyle ?*

(4)

Les inconcevables méprises de M. Dauban n'affectent pas

seulement le *Sépulcre de Saint-Mihiel ;* elles tombent encore sur d'autres monuments de Ligier Richier.

Ainsi, à propos de ce *cadavre debout,* improprement appelé *Squelette,* jadis érigé, à Bar-le-Duc, non point dans le transept de l'église St.-Pierre ou St.-Etienne, où il se trouve aujourd'hui, mais dans la Collégiale de St.-Maxe, détruite sous la Terreur, — au lieu d'admirer, entr'autres choses, l'ingénieuse adresse avec laquelle l'Artiste sut abaisser, en façon de *feuille de vigne,* un fragment de peau, qui, laissant les entrailles à découvert, descend au dessous de la ceinture, — le spirituel Touriste se borne à dire : « Elles (les *chairs*) se sont » *détachées du ventre probablement à l'endroit où le Prince* » *d'Orange reçut la blessure* dont il mourut. » Or, d'après les récits contemporains, bien connus de Richier, notamment ceux de Brantôme et du Héraut d'armes Edmond du Boulay, c'est *à l'épaule* et non au ventre que l'infortuné Duc de Nassau fut atteint, devant Saint-Dizier, d'un éclat de rocher qui le renversa de son siège sur le sol.

Dans le *Crucifiement,* insensible à l'expression si douce et si résignée du Christ mort, M. Dauban oublie également la calme et confiante quiétude du bon Larron, endormi dans la promesse de la miséricorde, pour donner sa préférence exclusive aux contorsions désespérées du *mauvais,* avec qui le premier forme, au double point de vue de la pensée et de l'exécution, un si juste et si visible contraste. L'attrait vulgaire des *horribles beautés* doit-il donc nous faire dédaigner l'attrait, plus délicat, des *beautés sans horreur ?*

Je dois à l'*humoriste* Ecrivain la justice de reconnaître et de déclarer qu'il a mieux jugé le *Calvaire* d'Hattonchâtel ; bien que, chose pour moi tout-à-fait incompréhensible et *qui me passe,* il ne lui trouve « presque aucune ressemblance avec le *Sépulcre !* » Je lui fais l'honneur d'espérer qu'à la seconde vue il reviendra de cette opinion trop hâtive.

La merveilleuse tête du *Christ mourant,* dont tous les exemplaires existant à St.-Mihiel, à Nancy, à Paris ou ailleurs, sont sortis du moule original qui est depuis plus de vingt années entre mes mains, a fixé particulièrement son attention ; il l'admire sans réserve : « Elle est, dit-il, superbe de carac- » tère ; la beauté de l'homme y est portée aussi près que cela » semble possible de la divinité, avec une expression de tris- » tesse angélique et de douleur qui vous navre. » A la bonne heure, au moins ! c'est compris, cette fois ! Après nous être chamaillés, nous finirons par nous entendre.

(5)

En 1575, la Communauté de St.-Mihiel adressa, il est vrai, au Duc Charles III, une supplique en dégrèvement d'impôts, motivée sur les ravages qu'une épidémie y aurait exercés en 1574 ; mais Richier avait cessé de vivre deux années auparavant ; et, comme rien ne prouve qu'il ait succombé *par anticipation* à ce mal posthume, on ne saurait ici, pas plus qu'à la loi, donner à la peste un effet rétroactif.

(6)

D'après le désir qu'on m'en avait exprimé de sa part, je fis remettre, en novembre 1859, à M. Fortuné LEGAGNEUR, aujourd'hui conseiller à la Cour de Cassation,—qui s'était chargé de le transmettre lui-même au Ministre de l'Intérieur, — un Rapport détaillé sur le *Calvaire* d'Hattonchâtel , son bourg natal ; j'y avais joint un calque exact du beau dessin que je venais d'en faire exécuter par M. Thorelle, artiste-peintre à Nancy. C'est d'après ce consciencieux Rapport, appuyé de la haute influence de l'honorable Magistrat, que des fonds furent affectés , par le Gouvernement du roi Louis-Philippe, à la restauration, hélas si défectueuse ! du précieux monument.

Mon travail était le résumé substantiel d'une *étude artistique* plus complète, laquelle, sur l'avis unanime de MM. le marquis de Villeneuve-Trans, de Haldat-du-Lys et Paul Laurent, composant la Commission désignée *ad hoc*, me valut l'honneur d'être admis, en 1841, membre associé de l'ACADÉMIE DE STANISLAS.

(7)

Mon parent et ami M. Jules Collignon, du Barreau de St-Mihiel, a le premier *ouvert le feu* de riposte dans la brûlante question du *Sépulcre*, par une excellente brochure, éditée chez Madame veuve Casner ; — ses prémisses, ses preuves et ses conclusions coïncident tellement avec les miennes, que j'aurais pu me dispenser d'entrer en lice. Mais, à raison de la spécialité, dès *trop longtemps* connue, de mes travaux sur RICHIER ET SES OEUVRES, j'ai dû céder à de nombreuses sollicitations, parmi lesquelles celle de mon cousin ne fut pas la moins pressante. Notre confrère M. Louis Lallement a fait ressortir le mérite de cette *Réfutation* péremptoire, dans un chaleureux article, plein de verve, de cœur et de raison, récemment publié par le *Journal de la Meurthe et des Vosges*, dont les colonnes impartiales sont, comme celles de l'*Espérance*, toujours larges-ouvertes aux discussions loyales et sérieuses.

## AVIS AU LECTEUR :

Veuillez effacer, dans le texte, les mots ci-après désignés en caractère *italique* : page 12, ligne 20, *la veille* ; et, page 15, ligne 4, *d'hier*.